W0467722

français

Les Savoirs de l'école

CYCLE 3

Production d'écrits

Frank MARCHAND

collection dirigée par
Jean HÉBRARD

HACHETTE
Éducation

Couverture : Atelier Gérard Finel et Associés
Conception de maquette : Rampazzo
Illustrations : Florence Delclos
Dessins techniques : Laurent Rullier (p. 18), Domino (p. 48)
Réalisation P.A.O. : Typo-Virgule

I.S.B.N. : 2-01 116077-4
© HACHETTE LIVRE 1998, 43, quai de Grenelle, 75905 Paris Cedex 15

Tous droits de traduction, de reproduction et d'adaptation réservés pour tous pays.
Le Code de la propriété intellectuelle n'autorisant, aux termes des articles L. 122-4 et L. 122-5, d'une part, que les « copies ou reproductions strictement réservées à l'usage privé du copiste et non destinées à une utilisation collective », et, d'autre part, que « les analyses et les courtes citations » dans un but d'exemple et d'illustration, « toute représentation ou reproduction intégrale ou partielle, faite sans le consentement de l'auteur ou de ses ayants droit ou ayants cause, est illicite ».
Cette représentation ou reproduction, par quelque procédé que ce soit, sans autorisation de l'éditeur ou du Centre français de l'exploitation du droit de copie (20, rue des Grands-Augustins, 75006 Paris), constituerait donc une contrefaçon sanctionnée par les articles 425 et suivants du Code pénal.

Préface

L'idée de la collection *Les Savoirs de l'école* est née d'une évidence : le manuel scolaire est un instrument que l'élève de cycle III doit absolument s'approprier de manière à en avoir un usage efficace et autonome lorsqu'il rejoint le collège.

Pour que l'enfant puisse apprendre à se servir des outils qui sont à sa disposition, il est nécessaire qu'ils se présentent à lui d'une manière claire et lisible. Les informations et indications que l'on trouve habituellement confondues dans les ouvrages proposés aujourd'hui (schéma de la leçon, présentation et définition des notions, exercices, évaluation, conseils, sollicitations motivantes, etc.) ont été ici séparées. L'intégralité de l'appareil didactique a été renvoyée au *Livre du maître*. Deux instruments complémentaires sont destinés à l'élève : un *LIVRE* rassemblant les connaissances qu'il doit acquérir au cours du cycle, une batterie de *Cahiers* (un par année) lui offrant la suite des exercices (rappel des connaissances antérieures, découverte de la notion ou du savoir-faire nouveau, structuration des acquis, évaluation des compétences) par lesquels il construit son apprentissage. Les deux instruments sont en interdépendance complète. Le *LIVRE*, en particulier, peut être utilisé tout au long de la séquence comme source des savoirs qui permettent de réaliser les exercices proposés.

On a voulu, grâce à ce dispositif, rendre l'écolier aussi autonome que possible pendant la séquence de découverte et de structuration. Le maître peut alors se consacrer entièrement à ce qui doit être sa tâche prioritaire : vérifier auprès de chaque élève les difficultés qu'il rencontre, repérer ses erreurs et l'aider à les analyser, relancer son attention, lui aménager un suivi individuel.

Il n'y a qu'un *LIVRE* par cycle parce que les Instructions officielles proposent, à juste titre, un programme de cycle et non un programme annuel.
Les *Cahiers* sont, eux, organisés pour un parcours du cycle en trois ans. Les mêmes connaissances, les mêmes compétences, les mêmes savoir-faire sont ainsi vus à des niveaux progressivement plus approfondis et de manière répétée. C'est là le moyen le plus efficace de structurer les apprentissages.

Le principe de la collection défini, j'ai souhaité que chaque équipe d'auteurs puisse travailler en toute indépendance. Les enseignants et leurs élèves disposent ainsi, pour chaque discipline du cycle III, d'un ensemble d'instruments nés de la confrontation d'une longue expérience aux derniers acquis de la recherche didactique.

Jean Hébrard
Directeur de la collection

Les droits d'auteur afférents à la direction de collection sont intégralement versés à l'Association française de lutte contre la mucoviscidose (A.F.L.M.), 76, rue Bobillot, 75013 Paris. La mucoviscidose est une affection génétique grave qui fait souffrir un nombre important de jeunes enfants d'âge scolaire (il en naît en moyenne 250 par an en France). On peut contacter l'association au 01.40.78.91.91.

Sommaire

CORRESPONDRE

DÉCRIRE

RAPPORTER, PRESCRIRE

RACONTER

SÉDUIRE, CONVAINCRE

LIRE ET PRODUIRE DES IMPRIMÉS

Attention : Lorsque tu rencontres un mot signalé par un astérisque (par exemple : tactile*) cela veut dire qu'il figure, par ordre alphabétique, dans le glossaire, à la fin de ce livre. Tu peux le chercher et lire sa définition.

CORRESPONDRE

Les petits mots
La lettre personnelle
La lettre administrative
La lettre circulaire
Les petites annonces

Les petits mots

Pour laisser un message bref à quelqu'un, pour transmettre une information urgente (précaution à prendre, mise en garde…), tu écris rapidement un petit mot sur un morceau de papier que tu places bien en vue.

DES EXEMPLES

un rappel

une information

des remerciements

un ordre

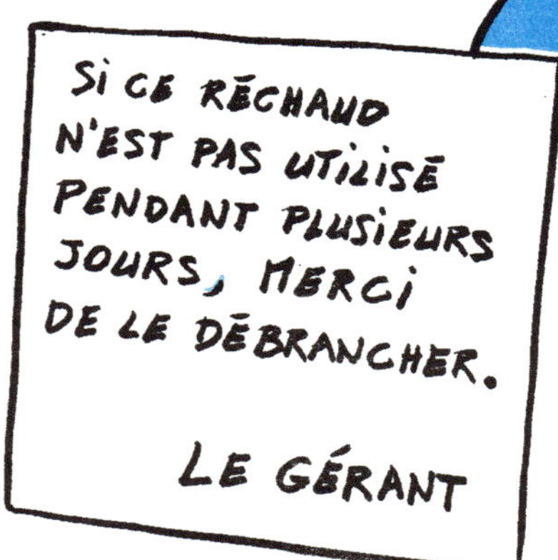

une recommandation

une mise en garde

DES CONSEILS POUR RÉDIGER

1. Des idées

Dans un petit mot, tu peux t'adresser…

a) à une personne précise

Dans ce cas, tu signes généralement ton message :
Tu peux m'appeler au poste 3232. Myriam
Voici ton livre. Super ! Plein de mercis. Farid

b) à tout le monde pour donner une information

Dans ce cas, le message* :

- peut être signé : *Si ce réchaud n'est pas utilisé pendant plusieurs jours, merci de le débrancher.* ***Le gérant***
- ou ne pas être signé : *Attention à la marche.*

2. Des procédés

Pour rédiger un petit mot...

a) Tu dois être rapide et efficace

Tu utilises ce que tu as sous la main : dos d'une enveloppe, Post-it*, carnet, etc. Laisse ton petit mot bien en évidence pour celui qui doit le lire, fixe-le bien en vue sur quelque chose ou glisse-le discrètement à quelqu'un.

b) Tu dois être bref

Tous les petits mots doivent se lire d'un coup d'œil. Tu dois donc écrire l'essentiel en quelques mots sans donner de détail inutile, et souvent sans formule* de politesse.

c) Tu peux faire des phrases sans verbe

Plein de mercis !

d) Si un verbe s'impose, tu peux le conjuguer

- à l'infinitif : *Ne pas utiliser cet appareil.*
- à l'impératif pour donner un ordre : *N'oublie pas d'allumer le four.*
- à l'indicatif pour donner une information : *Tu peux m'appeler au poste 3232.*

DES MOTS EN LIBRE-SERVICE

Quelques mots pour exprimer...

Un rappel

N'oublie pas, pense à, rappelle-toi, souviens-toi…

Un remerciement

Je vous remercie, je te suis reconnaissant, tu m'as vraiment rendu service…
Merci mille fois, merci beaucoup, merci bien, un grand merci, merci pour tout…

Une mise en garde

Je te conseille, je te recommande, sois prudent, veille à, prends garde à…

La lettre personnelle

Tu peux écrire une lettre personnelle à un ami, à un parent dans un but précis (pour répondre à une invitation, lui faire une proposition…) ou pour lui donner des nouvelles, parler de choses et d'autres.

UN EXEMPLE

Une lettre personnelle	Ce qu'on y indique
Bourges le 21 mars 1998 Ma chère Tatie,	**d'où** l'on écrit **quand** on écrit **à qui** l'on écrit (le destinataire)
Tu es très gentille de m'inviter à aller te voir dimanche prochain, mais je ne peux pas venir car je dois accompagner mes parents à la foire.	**pourquoi** on écrit pour parler d'un sujet précis
Le dimanche suivant (c'est le 4 avril), ce sera possible si, de ton côté, tu es libre. Papa veut bien me conduire en voiture vers 10 heures et il demande si tu pourrais me raccompagner le soir. Tu dînerais avec nous.	
J'espère que tu seras disponible car j'ai très envie de te voir. J'ai mis trois fois le jean que tu m'as offert pour mon anniversaire. Je le mettrai dimanche pour aller à la foire. Il me va très bien.	pour exprimer des sentiments
J'en profite pour te dire que Nova a fait ses petits avant-hier. Elle n'en a que trois, mais ils sont superbes.	pour parler de choses et d'autres
J'espère que Mistigri ronronne toujours autant. Je lui fais un gros câlin et une bise sur son nez rose.	
J'espère avoir bientôt de tes nouvelles. Plein de gros, gros bisous.	pour appeler une réponse
Émilie	**qui écrit** (l'expéditeur)
PS: Je t'apporterai les photos des dernières vacances en Corrèze. On m'y voit avec Pompon, qui a bien grandi depuis.	le post-scriptum* : un détail oublié que l'on rajoute après la signature.

DES CONSEILS POUR RÉDIGER

1. Des idées

Dans une lettre, tu écris ce que tu as envie de dire à ton correspondant.
Cela constitue ce qu'on appelle **le corps de la lettre**. Mais, en plus, tu ne dois pas oublier de donner dans ta lettre un certain nombre d'indications qui permettront à la personne qui la lit de savoir que c'est toi qui lui écris, d'où tu lui écris, etc. Ces indications constituent **les références**.

Les références* (SUR FOND BLEU, AU DÉBUT ET À LA FIN)

Ce sont les indications qui répondent aux questions :
- **d'où** écris-tu ? C'est le lieu où tu te trouves : *Bourges.*
- **quand** écris-tu ? C'est la date de la lettre : *21 mars 1998.*
- **à qui** écris-tu (quel est le destinataire*) ? C'est la formule de début : *Ma chère Tatie.*
- **qui** écrit (quel est l'expéditeur*) ? C'est la signature* : *Émilie.*
  Dans la lettre personnelle, où ton correspondant te connaît bien, ton prénom suffit.

Le corps* de la lettre (LA CORRESPONDANCE PROPREMENT DITE)

a) Tu parles d'un sujet précis
- Tu réponds, par exemple, à une invitation :
  Tu es très gentille de m'inviter à aller te voir dimanche, mais je ne peux pas venir car...
- Ou bien tu fais une proposition :
  Le dimanche suivant (c'est le 4 avril), ce sera possible si, de ton côté, tu es libre...
- Etc.

b) Tu donnes de tes nouvelles, tu demandes des nouvelles
Tu racontes ce que tu as fait dernièrement, tu parles de ta famille, de tes amis ; tu demandes à celui à qui tu écris de ses nouvelles, des nouvelles de ceux qui l'entourent, de ses animaux familiers.
Par exemple...
- Émilie donne des nouvelles de sa chienne :
  J'en profite pour te dire que Nova a fait ses petits avant-hier. Elle n'en a que trois, mais ils sont superbes.
- Elle demande des nouvelles de l'animal favori de sa tante :
  J'espère que Mistigri ronronne toujours autant...

c) Tu exprimes des sentiments

Tu exprimes tes sentiments quand tu expliques ce que tu aimes ou n'aimes pas, ce qui t'a plu, ce qui te ferait plaisir. Par exemple…

- tu dis à ton correspondant que tu aimerais bien le voir :
  J'espère que tu seras disponible car j'ai très envie de te voir.
- tu prends des précautions pour exprimer quelque chose qui risque de le contrarier ou de lui faire de la peine :
  Tu es très gentille de m'inviter à aller te voir dimanche, mais je ne peux pas venir.
- tu lui dis des choses gentilles :
  J'ai mis trois fois le jean que tu m'as offert pour mon anniversaire. Je le mettrai dimanche pour aller à la foire. Il me va très bien.
- tu utilises des formules affectueuses :
  Plein de gros, gros bisous.

2. Des procédés

Pour écrire une lettre personnelle…

a) Tu dois être clair, facile à lire

- Tu fais des paragraphes* bien séparés en allant à la ligne à chaque fois que tu changes d'idée.
- Tu enchaînes tes idées à l'aide de mots de liaison : *d'abord, ensuite, enfin…*
- Tu fais des phrases simples :
  J'ai mis trois fois le jean que tu m'as offert pour mon anniversaire. Je le mettrai dimanche pour aller à la foire. Il me va très bien.

b) Tu adaptes le style au destinataire*

- Si tu écris à une personne d'une autre génération (à tes grands-parents, par exemple), tu emploies la langue courante, mais pas trop relâchée :
  Ma chère Grand-Mère,
  Une année s'est écoulée depuis que je suis parti. J'espère que tu as bien reçu mes lettres d'Afrique et que tu as aimé mes jolis dessins.
  Ton petit-fils qui t'adore. Maxime
- Si tu t'adresses à un ami ou à une amie de ton âge, tu peux employer des tournures beaucoup plus familières :
  Chère Élodie,
  Tu me demandes si tu pourras devenir actrice. Bien sûr, tu as déjà les oreilles de Charlotte Gainsbourg, deux dents de Dorothée, et les pieds d'Elsa.
  Ta débilou. Rocky Mathilde

DES MOTS EN LIBRE-SERVICE

Des mots pour exprimer…

L'affection

Je t'aime ; je t'adore ; j'éprouve une grande tendresse pour toi ; j'ai un penchant pour la lecture ; c'est une véritable adoration ; j'éprouve des sentiments amicaux ; j'ai des pensées affectueuses…

La joie

Quelle allégresse ! ; j'éprouve du bonheur, de la gaieté, du plaisir, de la satisfaction… ; je me réjouis de te voir ; je serais enchanté(e) de vous rencontrer ; ça m'amuse d'essayer ce nouveau jouet ; à la fête, nous nous sommes bien amusés…

La tristesse

J'éprouve de la mélancolie, du chagrin, de la douleur, de l'ennui… ; j'ai le cafard ; je suis déprimé ; je suis découragé ; je désespère d'y arriver ; ces difficultés me découragent ; je suis affligé d'une mauvaise santé ; ces mauvaises nouvelles me chagrinent ; je suis triste, malheureux, mélancolique, abattu, désespéré, déprimé, maussade, désolé, navré…

Quelques formules

- POUR COMMENCER LA LETTRE :
  Mon cher ami, Ma chère amie, Cher monsieur, Ma chère Alice, Chère copine, Chers parents, Chers papi et mamie, Mon vieux copain, Salut !, Bonjour !, Louis…

- POUR TERMINER LA LETTRE :
  Je t'envoie de gros bisous, Grosses bises, Gros baisers…
  Je vous embrasse bien fort, Je vous embrasse affectueusement, Avec toute mon affection…
  Amitiés, Ciao !, Ta copine, Mille bisous, Salut, À bientôt…

La lettre administrative

Tu écris une lettre à un service administratif (mairie, commissariat, etc.) dans un but précis (demander une autorisation, un renseignement, répondre à une demande…). Il te faut être clair, précis, et éviter tout ce qui ne se rapporte pas à l'objet de la lettre.

UN EXEMPLE

Une lettre administrative	Ce qu'on y indique
Alexandre DUCOUX Brignac, le 15 janvier Délégué des élèves du Cours moyen École élémentaire du Centre 16420 BRIGNAC Tél. 53 64 98 12 70	le nom, le lieu et la date ; la fonction et l'adresse de l'expéditeur
à Monsieur le Maire Mairie 16420 BRIGNAC	la fonction et l'adresse du destinataire
Objet : Demande d'autorisation de consulter les registres.	l'objet de la lettre
Monsieur le Maire,	la formule de début
Notre classe fait actuellement une recherche sur les habitants de la commune. Prochainement, une équipe de cinq élèves doit commencer à étudier l'évolution des prénoms au cours des dix dernières années.	un exposé clair de la situation
L'autoriseriez-vous, sous la responsabilité de monsieur le Secrétaire de Mairie, à faire des relevés sur le registre de l'état civil[1] ? Nous pouvons aller à la mairie le mercredi toute la journée et les autres jours après 16 h 30.	une demande précise
Notre maître s'associe à nous pour vous remercier de l'attention que vous voudrez bien accorder à notre demande,	des remerciements courtois
et nous vous prions d'agréer, Monsieur le Maire, l'expression de nos plus respectueuses salutations.	une formule de politesse
Alexandre Ducoux	la signature

1. Le registre de l'état civil est un gros cahier conservé à la mairie. On inscrit dessus toutes les naissances de la commune.

DES CONSEILS POUR RÉDIGER

1. Des idées

La lettre administrative comporte les mêmes parties qu'une lettre personnelle (références* et corps* de la lettre), mais, comme le destinataire* ne connaît pas l'expéditeur*, les références doivent être plus complètes et plus visibles.

Les références (SUR FOND BLEU, AU DÉBUT ET À LA FIN)

a) l'auteur de la lettre

- **qui** écrit (nom, prénom).
  Lorsque tu écris ton nom en tête de la lettre, il est inutile de le répéter sous ta signature*.
  Lorsque tu écris en tête de la lettre uniquement ta fonction, ton nom doit figurer sous ta signature.

b) l'endroit et la date

- **d'où** tu écris (ton adresse et ton numéro de téléphone).
- **quand** tu écris (la date).

c) le destinataire

- **à qui** tu écris.
  Dans une lettre administrative, ce n'est pas le nom du destinataire qui est important, mais ce qu'il fait (la fonction qu'il remplit). Tu n'écris pas à M. ou Mme Dupré, mais à M. ou Mme le Maire s'ils sont maires, M. ou Mme le Directeur ou la Directrice si telle est leur fonction, etc. :
  Monsieur le Maire de Brignac

d) l'objet* de la lettre

- **pourquoi** tu écris ; l'« objet » résume en quelques mots de quoi parle la lettre :
  Objet : Demande d'autorisation de consulter les registres.

e) la formule de début

Monsieur le Maire,...

Le corps de la lettre

Plus encore que dans la lettre personnelle, le texte doit être disposé avec clarté. Chaque partie du texte forme un paragraphe* particulier.

- Tu expliques la raison pour laquelle tu fais ta demande :
  Notre classe fait actuellement une recherche sur les habitants de la commune...
- Tu formules clairement ta demande :
  L'autoriseriez-vous à faire des relevés sur le registre de l'état civil ?
- Tu donnes tous les détails pratiques qui permettront au destinataire de prendre une décision : *Nous pouvons aller à la mairie le mercredi toute la journée ou les autres jours après 16 h 30.*
- Tu évites tout ce qui n'est pas en rapport direct avec l'objet.

2. Des procédés

Pour écrire une lettre administrative…

- Tu adoptes, dans ta lettre, un ton neutre, jamais familier :
  Nous vous remercions de l'attention que vous voudrez bien accorder à notre demande.
  et non : *merci pour tout.*
- Tu t'adresses à ton destinataire en le vouvoyant :
  L'autoriseriez-vous…
- Tu fais des phrases complètes et évites le style* télégraphique :
  Prochainement, une équipe de cinq élèves doit commencer à étudier l'évolution des prénoms…
  et non : *équipe de cinq élèves, sujet : l'évolution des prénoms.*
- Tu termines ta lettre par une formule* de politesse. Ce sont toujours les mêmes formules que l'on retrouve à la fin de ce type de lettre (Voir ci-dessous : DES MOTS EN LIBRE-SERVICE).

DES MOTS EN LIBRE-SERVICE

Quelques formules à utiliser…

Pour donner une information
J'ai le plaisir de vous faire connaître…, de porter à votre connaissance…
J'ai l'honneur de vous faire connaître…, de vous rendre compte…
Je vous informe de ce que…

Pour demander quelque chose
Je vous serais reconnaissant(e) de bien vouloir…
Auriez-vous l'amabilité de bien vouloir…
Vous serait-il possible de…
Accepteriez-vous de…

Pour remercier
Je vous remercie très vivement d'avoir bien voulu…
Je vous prie d'accepter mes très vifs remerciements…
Je vous suis très reconnaissant(e) d'avoir bien voulu…

Pour clore la lettre
Veuillez agréer l'expression de mes respectueuses salutations,… de mes sentiments distingués,… de mes sincères salutations.

La lettre circulaire

Si tu envoies le même texte à plusieurs destinataires, tu fais une circulaire (ou lettre circulaire). Celle-ci est souvent présentée comme une lettre administrative.

UN EXEMPLE

Un texte	Ce qu'on y indique
ÉCOLE MIXTE GOULEBENÈZE 7, rue Saint-Martial 16000 ANGOULÊME — Angoulême, le 28 novembre	l'organisme, le lieu, la date
Le Directeur de l'école à Mesdames et Messieurs les parents d'élèves	l'expéditeur (sa fonction) les destinataires (plusieurs personnes)
Objet : Organisation des classes de neige.	l'objet
Mesdames, Messieurs,	la formule de début, adaptée à tous les destinataires
Cette année encore, l'école organise une classe de neige. Afin de vous donner toutes les informations utiles concernant ce séjour, l'équipe enseignante vous convie à une réunion qui se tiendra le 10 décembre à 20 h 30 dans la salle polyvalente. Je vous remercie de signaler au maître ou à la maîtresse de votre (vos) enfant(s) si vous souhaitez participer à cette réunion, et vous prie d'agréer, Mesdames, Messieurs, l'expression de mes sentiments les meilleurs.	la formule de politesse
Jean AUDOIN	signature de l'expéditeur (nom)

DES CONSEILS POUR RÉDIGER

Pour DES IDÉES et DES MOTS EN LIBRE-SERVICE, tu pourras te reporter à la leçon sur la lettre administrative.

DES PROCÉDÉS

La circulaire* s'adresse à plusieurs personnes. Il faut donc adapter les formules de la lettre administrative. Par exemple…

- Si les personnes à qui tu écris ou dont tu parles sont de sexe différent, tu mentionnes le masculin et le féminin : *Mesdames, Messieurs…*
- Si elles sont de nombre différent, tu mentionnes le singulier et le pluriel : *votre (vos) enfant(s)…*
- Lorsque c'est possible, tu te contentes de faire figurer entre parenthèses les marques du genre et du nombre : *Mesdames et messieurs les instituteurs(trices)…*

Les petites annonces

Tu rédiges une petite annonce pour informer que tu as quelque chose à proposer ou à demander. Les petites annonces se trouvent dans la plupart des journaux et revues. Il existe même des journaux spécialisés qui ne contiennent que des annonces.

DES EXEMPLES

Des annonces		Ce qu'on y indique
Vds CAGE HAMSTER, nve, 100 F, TÉLÉ noir et blanc Philips, b. ét., 63 cm 400 F. Tél. 25 60 24 37 74	**Vds ZODIAC, 6 pers. avec remorque, le tt servi 3 mois, état neuf, l'ensemble 32 000 F vdu 20 000 F. Tél. 19 38 24 95 11**	des propositions de vente
Particulier achète JOUETS en tôle : auto, train, avion, bateau, soldats en plomb, dinky-toys, etc. Tél. 14 33 15 39 47	**Ch. appart. à louer pour début juillet, centre de Lyon, 5 p. Max. 5 000 F/ mois Répondre au journal.**	des offres d'achat des demandes de location
Ville Lourens recrute prof. guitare pour éc. musique. Adresser CV et lettre manuscrite à Direct. éc. musique, 50 bd Héloïse 60120 Lourens.	**Cherche jeune personne pour gard. enfants le soir 16h30 / 19h. Tél. bur. 96 32 58 74 10**	des propositions d'emploi

DES CONSEILS POUR RÉDIGER

1. Des idées

Dans une petite annonce*, tu dois donner toutes les informations nécessaires au lecteur.

- Tu précises ce que tu désires : tu vends, tu achètes, tu loues, tu recherches quelque chose, tu souhaites faire un échange… :
  Vends cage hamster… – Cherche appartement à louer…
- Tu donnes toutes les informations permettant de savoir ce que tu proposes ou ce que tu cherches : *Télé noir et blanc Philips… – Jouets en tôle…*

- Tu notes tes coordonnées pour que les personnes intéressées par ton annonce puissent te joindre.
  – généralement un numéro de téléphone :
  Tél. bur. 96 32 58 74 10.
  – parfois une adresse :
  Direct. éc. musique 50 bd Héloïse 60120 Lourens.
  Si tu ne veux pas faire connaître tes coordonnées personnelles, tu peux mentionner : *Répondre au journal.* Dans ce cas, le journal te transmettra les réponses qu'il recevra pour toi.

2. Des procédés

Pour passer une annonce dans un journal, tu paies au nombre de caractères. Tu as donc intérêt à fournir le maximum d'informations dans le minimum d'espace. Pour cela, tu utilises deux procédés : le style* télégraphique, les abréviations*.

a) Le style télégraphique

Comme dans un télégramme, tu n'utilises que les mots indispensables (noms, verbes, adjectifs), en évitant les autres (articles, prépositions, certains pronoms…). Par exemple, au lieu de : *Je vends une cage de hamster neuve qui vaut cent francs* ; tu écris : *Vends cage hamster neuve, 100 F.*

b) Les abréviations

Toujours pour gagner de la place, tu rédiges les petites annonces avec des abréviations : tu n'écris que certaines lettres du mot, le plus souvent les premières. Il faut utiliser des abréviations courantes, pour être certain qu'elles soient bien comprises :
vds pour *je vends* – *F* pour *francs* – *appart.* pour *appartement.*

DES MOTS EN LIBRE-SERVICE

Quelques abréviations utilisées dans les petites annonces

achète : ach.	bon état : b. ét.	particulier : part.
recherche : rech.	après : apr.	téléphone : tél.
vends : vds	personne : pers.	bureau : bur.
appartement : appart.	vendu : vdu	domicile : dom.
curriculum vitae : C.V.	neuve : nve	francs : F

TABLEAU 1
Correspondre

Type de texte	Qui écrit ?	À qui écrit-on ?	Pourquoi ?
Petit mot	Une personne inconnue.	À tous ceux qui viendront à lire le papier.	Pour mettre en garde, donner une information…
	La personne qui signe.	À une personne connue.	Pour donner une instruction, informer, remercier…
Lettre personnelle	La personne qui signe.	À un proche, un ami, un membre de la famille.	Pour aborder un sujet précis, donner des nouvelles, exprimer des sentiments…
Lettre administrative	La personne indiquée en référence.	À quelqu'un, au titre de sa fonction : maire, inspecteur, secrétaire…	Pour régler un problème administratif : fournir une information, faire une demande…
Circulaire	La personne indiquée en référence ou dans l'en-tête du papier.	À l'ensemble des personnes concernées par l'objet de la lettre.	Pour une raison souvent professionnelle, parfois privée…
Petite annonce	La personne qui indique son nom ou son numéro de téléphone.	À tous les lecteurs du journal.	Pour informer d'une offre ou d'une demande : • de vente ; • d'achat ; • de service ; • d'échange…

DÉCRIRE

La description :
ce que l'on voit
ce que l'on entend
ce que l'on sent
la description complète

Ordonner la description :
d'un côté à l'autre
du plus proche au plus lointain
le panorama

Le portrait

La description : ce que l'on voit

Pour que le lecteur puisse imaginer ce que tu vois, tu choisis les choses que tu veux décrire et tu dis comment elles sont : leur forme, leur couleur, etc.

UN EXEMPLE

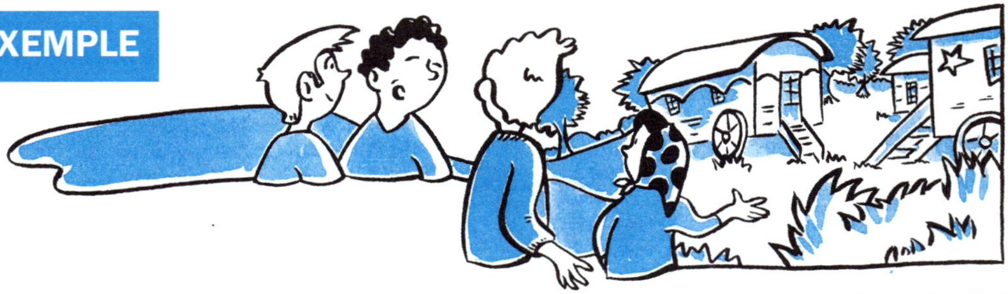

Une description	Ce qu'on y indique
Le campement	
La fille conduisit les trois garçons près des roulottes stationnées en plein soleil. C'étaient de solides voitures, hautes sur roues, avec fenêtres à rideaux, balcon de bois peinturluré de couleurs vives à l'arrière, toit bombé et cheminée de tôle. Des cages où étaient enfermées des poules pendaient sous le plancher, entre les roues, parmi les outils, les seaux, les bottes de paille.	le nom des choses la lumière les formes les couleurs l'emplacement des choses
Un peu plus loin, sous un châtaignier, un grand chaudron de cuivre rouge tout bosselé était suspendu à une chaîne accrochée à une branche basse, au-dessus de quelques tisons éteints.	la matière
Un homme était assis en tailleur, adossé aux rayons d'une roue. Près de lui, il y avait plusieurs fagots de brins d'osier.	l'attitude d'un personnage
André DUBREUIL, *Les Semeurs de la pleine lune,* Pygmalion/Gérard Watelet, 1995.	

DES CONSEILS POUR RÉDIGER

1. Des idées

Pour décrire ce que tu vois (un paysage, une maison, une rue, une roulotte, etc.), tu peux indiquer…

- comment se nomment les choses et les êtres :
  des roulottes…
- la lumière :
  en plein soleil…
- les formes :
  des voitures hautes sur roues, un toit bombé, un chaudron tout bosselé…
- les couleurs :
  un balcon peinturluré de couleurs vives…

- les emplacements :
  à l'arrière, sous le plancher, un peu plus loin, sous un châtaignier...
- la matière dont les choses sont constituées :
  de cuivre rouge...
- les attitudes* :
  un homme assis en tailleur, adossé...
- les mouvements lorsqu'il s'en produit…

2. Des procédés

Pour faire bien voir aux autres ce que tu vois toi-même :

Tu emploieras de préférence	Tu emploieras le moins possible
• des noms exacts et précis : *les outils, les seaux, les bottes de paille...* • des expansions* : *un grand chaudron* ***de cuivre rouge tout bosselé****...* • des verbes descriptifs : *des cages* ***pendaient*** *sous le plancher...*	• des expressions vagues : *toutes sortes de choses...* • les noms seuls : *un chaudron...* • des verbes « passe-partout » : *des cages* ***se trouvaient*** *sous le plancher...*

DES MOTS EN LIBRE-SERVICE

Des mots pour décrire...

La lumière

Le soleil illumine la chambre ; on voit un reflet sur les vitres ; un rayon de lune éclaire l'étang ; le ciel du soir flamboie ; la ville est baignée de lumière ; les lumières de la ville sont (blanches, verticales, dansantes, etc.)…

Les couleurs

Un paysage marin : l'eau noire au-dessus des abîmes ; les dos roux des bancs de sable ; les vagues blanches et duveteuses de l'écume…
Des plantes : la pivoine, branche de corail vif ; la giroflée brune ; les feuilles dorées du chêne ; le rouge écarlate des rosiers grimpants…
Des papillons : le papillon « citron » aux yeux bleuâtres…

La description : ce que l'on entend

Pour que le lecteur imagine ce que tu entends, tu énumères les bruits et les sons et tu indiques comment ils sont : leur force, leurs caractéristiques.

UN EXEMPLE

Une description	Ce qu'on y indique
L'adieu du luthier	
Le bon compagnon avait sonné l'alarme dans toute la ville : le plus grand des luthiers s'en allait. Et tous avaient répondu à son appel pour un dernier hommage. Della Viola était là lui aussi ; il leva son archet et lui fit dessiner dans les airs une large arabesque.	
Aussitôt une <u>musique</u> <u>grave, profonde et sombre</u> comme un lac de montagne, s'éleva dans la ruelle. Les violons chantaient, les violons pleuraient.	les noms des sons, leurs qualités
<u>Andréa sentit sa gorge se nouer et son cœur battait à tout rompre</u> dans sa poitrine. Cette musique pénétrait dans son âme avec violence, elle le faisait souffrir de trop de beauté, de trop d'émotion.	des émotions
Le chant des violons devint <u>plus léger</u>, presque un murmure, puis ce fut le silence, la nuit était venue. Quand Andréa retourna au chevet de maître Antonio, le vieux luthier avait cessé de respirer.	l'intensité des sons
Patrice FAVARO, *Le Secret du maître luthier,* Hachette Jeunesse, 1997.	

DES CONSEILS POUR RÉDIGER

1. DES IDÉES

Pour décrire le bruit ou le son que tu entends, tu précises…

- ce que perçoit l'oreille : le silence, un chant, un cri, un claquement, un ronronnement… :
  une musique, le son, le silence…
- ses caractéristiques (on dit encore ses « qualités ») :
  une musique grave, profonde et sombre…
- les effets que provoquent en toi ces sons ou ces bruits (si c'est le cas) :
  Cette musique pénétrait dans son âme avec violence…
- l'intensité* du son ou du bruit (de faible à fort) :
  Le chant des violons devint plus léger…

2. Des procédés

Pour faire bien entendre aux autres ce que tu entends toi-même :

Tu emploieras de préférence	Tu emploieras le moins possible
• des noms exacts et précis : *une musique, le chant, un murmure...* • des expansions* : *une musique* ***grave, profonde et sombre*** • des verbes descriptifs : *une musique* ***s'éleva****...* • des comparaisons* : *une musique profonde et sombre* ***comme un lac de montagne****...* • des métaphores* ou des personnifications* : *les violons chantaient, les violons pleuraient...*	• des mots trop généraux : *des sons...* • les noms seuls : *une musique...* • des verbes « passe-partout » : *on* ***entendit*** *une musique...*

DES MOTS EN LIBRE-SERVICE

Des mots pour décrire...

L'averse : l'averse retentit ; le tambourinement de l'eau sur le toit ; le crépitement sur les vitres...

Le vent : le vent court à pas légers ; il ébranle la porte avec violence ; il murmure dans les ténèbres...

La tempête : elle fait entendre des hurlements ; elle siffle...

Les bruits de la maison : le chuintement de l'eau dans les conduites ; le grincement d'une scie ; le ronronnement d'un moteur électrique ; une voix tonitruante, claire ; un rire éclatant, sonore...

La description : ce que l'on sent

Pour que le lecteur puisse imaginer ce que tu sens (ce que tu perçois avec ton nez), tu énumères les odeurs et tu indiques ce qui les caractérise.

DES EXEMPLES

Deux descriptions	Ce qu'on y indique
Parfum des bois de mon pays	
Le parfum des bois de mon pays égale la fraise et la rose. Tu jurerais, quand les taillis de ronces y sont en fleurs, qu'un fruit mûrit on ne sait où, – là-bas, ici, tout près, – un fruit insaisissable qu'on aspire en ouvrant les narines.	d'où provient l'odeur ; à quoi elle fait penser comment tu la respires
COLETTE, *Les Vrilles de la vigne,* Hachette Littératures.	
Odeurs de cirque	
[Helen] savait tout de même qu'elle était arrivée, à cause de l'odeur ! L'odeur, ou plus exactement la puanteur, lui paraissait délicieuse, à elle, qui avait l'odorat si développé, si délicat ! Helen s'appliquait à distinguer tous les « parfums » violents qui l'entouraient. Il y avait l'odeur de la sciure : elle la connaissait pour avoir visité une scierie près de la ferme de Tuscumbia. Il y avait l'odeur délicieuse du maïs grillé et des hamburgers qu'elle aimait particulièrement. Ann lui avait expliqué qu'autour du cirque il y avait beaucoup de petites boutiques, où les spectateurs venaient se régaler à l'entracte et après le spectacle. Il y avait surtout une odeur nouvelle, l'étrange odeur des fauves, cette odeur qui prenait Helen à la gorge et la faisait tousser. Mais, pour rien au monde, elle ne serait partie !	le nom de l'odeur, ses qualités son intensité
Lorena A. HICKOK, *L'Histoire d'Helen Keller,* traduction Renée ROSENTHAL, Laffont.	

DES CONSEILS POUR RÉDIGER

1. DES IDÉES

Pour décrire ce que tu sens, tu dois indiquer…

- de quel genre d'odeur il s'agit : un parfum, une senteur, un arôme, un relent… :
  *le **parfum** des bois…*
- d'où provient cette odeur : d'un jardin, d'une cuisine, d'un être vivant… :
  *l'étrange odeur **des fauves**…*
- ses qualités, c'est-à-dire comment elle est (agréable, nauséabonde, fade, aigre…) :
  *l'odeur **délicieuse** du maïs grillé…*

- son intensité, c'est-à-dire sa force (imperceptible, tenace, pénétrante…) :
  les parfums ***violents****…*
- comment on la respire (on peut sentir, humer, flairer, éventer…) :
  un fruit insaisissable qu'on ***aspire****…*
- ce qu'elle évoque (une porcherie, un champignon, le poivre, une rose…) :
  *Tu jurerais qu'****un*** […] ***fruit*** *mûrit on ne sait où…*

2. Des procédés

Pour faire bien sentir aux autres ce que tu sens toi-même :

Tu emploieras de préférence	Tu emploieras le moins possible
• des noms exacts et précis : *le parfum, la puanteur…* • des adjectifs et des compléments du nom : *l'****étrange*** *odeur* ***des fauves*** *qui prenait Helen à la gorge et la faisait tousser…* • des verbes descriptifs : *un fruit qu'on* ***aspire****…* • des comparaisons* : *le parfum* […] ***égale la fraise et la rose****…* • des métaphores*.	• des mots trop généraux : *l'odeur…* • les noms seuls : *l'odeur des fauves…* • des verbes « passe-partout » : *un fruit qu'on* ***sent****…*

DES MOTS EN LIBRE-SERVICE

Des mots pour décrire…

Les odeurs des bois : l'odeur amère des feuilles ; l'âcreté du terreau mouillé ; l'arôme d'un champignon…

Les odeurs des rues : les senteurs du marché ; le fumet du restaurant ; les senteurs chimiques de la pharmacie ; les effluves de l'usine…

Le jardin : il exhale une odeur suave, fraîche, âcre…

Les égouts : ils dégagent une odeur fétide, nauséabonde…

La description complète

Quand tu fais une description complète, tu décris ce que tu perçois avec tes yeux, tes oreilles ou ton nez ; tu peux aussi décrire ce que tu perçois avec ta langue (le goût) ou avec ta peau (le toucher).

DES EXEMPLES

Deux descriptions	Ce qu'on y indique
Le petit chemin	
Dès qu'on pénétrait sous la voûte de branchages, on était assailli par les senteurs qui stagnaient dans l'air immobile. Le parfum miellé de l'aubépine y avait régné au début du printemps. Celui des jacinthes, plus capiteux encore, lui avait succédé en mai. L'été était venu et avait enlacé aux branches des noisetiers des lianes de chèvrefeuille dont le parfum envoûtant dominait tous les autres. […]	**L'odorat :** ce que l'on sent avec son nez
En arrivant près du ruisseau, le chemin se rétrécissait entre deux rives de sureaux en fleur ; puis il émergeait tout à coup de son tunnel de fraîcheur et l'on entrait sans transition dans une zone de chaleur,	**Le toucher :** ce que l'on ressent sur sa peau
de murmures d'eau sur les cailloux, de hautes herbes crépitantes de grillons et de criquets ;	**L'ouïe :** ce que l'on entend
une zone zébrée par les éclairs bleus du martin-pêcheur, éclaboussée par les sauts des grenouilles.	**La vue :** ce que l'on voit
Le chemin devenait alors souriant et flânait le long du petit cours d'eau. On y respirait à pleines narines des parfums de menthe sauvage. André DUBREUIL, *Les Semeurs de la pleine Lune,* Pygmalion / G. Watelet, 1995.	**L'odorat :** ce que l'on sent avec son nez
Le morceau de chocolat	
Paolo goûta. Rita goûta à nouveau. Paolo regoûta à son tour. Aucun doute n'était possible : le mystérieux objet tombé du ciel n'était autre qu'un gros morceau de chocolat. À en juger à l'odeur, à la saveur, au goût merveilleux qu'il laissait à la bouche, c'était même du chocolat de marque. Giani RODARI, *La Tarte volante*, traduction Thierry SÉCHAN, Hachette jeunesse.	**L'odorat et le goût :** ce que l'on sent et ce que l'on goûte

DES CONSEILS POUR RÉDIGER

1. DES IDÉES

Dans une description complète, tu notes ce que tu perçois avec tes cinq sens…

- la vue (voir p. 22) :

une zone zébrée par les éclairs bleus du martin-pêcheur…

- l'ouïe (voir p. 24) :
  de ***murmures*** *d'eau sur les cailloux, de hautes herbes* ***crépitantes****...*
- l'odorat (voir p. 26) :
  On était assailli par les ***senteurs*** *qui stagnaient dans l'air...*
- le toucher (c'est ce que tu ressens sur ta peau lorsque quelque chose la touche) :
  On entrait sans transition dans une zone de ***chaleur****...*
- le goût (c'est ce que tu ressens sur ta langue lorsque tu goûtes quelque chose) :
  À en juger à la ***saveur****, au* ***goût****, c'était du chocolat...*

2. Des procédés

Pour faire une description complète...

- tu peux noter les sensations à mesure que tu les perçois :
  tu vois quelque chose, tu le notes ; tu entends un bruit, tu le notes ; tu sens une odeur, tu la notes ; etc.
- tu peux regrouper toutes les sensations de même nature :
  d'abord tout ce que tu vois, puis tout ce que tu entends, tout ce que tu sens, etc.

N'oublie pas **d'interroger tous tes sens** et, pour cela, souviens-toi de ce que tu as appris dans les leçons précédentes.

DES MOTS EN LIBRE-SERVICE

Mieux appréhender ses cinq sens

Organe	Nom du sens	Verbe	Sensations
les yeux	la vue	voir	les sensations visuelles*
les oreilles	l'ouïe	entendre	les sensations auditives*
le nez	l'odorat	sentir	les sensations olfactives*
la peau	le toucher	toucher	les sensations tactiles*
la langue	le goût	goûter, sentir la saveur	les sensations gustatives*

Ordonner la description : d'un côté à l'autre

Quand tu fais une description, tu n'énumères pas les détails au hasard : tu suis un ordre. Tu peux dire ce que tu vois lorsque ton regard se déplace de ta gauche vers la droite, ou bien l'inverse.

UN EXEMPLE

Une description	Ce qu'on y indique
En arrivant dans la ferme La ferme des Poutarot était située à mi-distance de la rivière et de la place du bourg. Un chemin bordé d'aubépines conduisait à la cour de dimensions médiocres, mais qui s'ornait en son centre d'un vieux puits et d'un énorme tilleul. En arrivant, on voyait en face de soi un alignement de trois bâtiments contigus aux murs de pierres grises et groupés sous le même toit de tuiles. Sur la droite était la maison d'habitation avec ses deux étages éclairés de six fenêtres. Deux rosiers grimpants encadraient la porte d'entrée à laquelle on accédait par un perron de six marches en pierre de taille. La grange était au centre avec son grand portail. À gauche se trouvait l'étable où logeaient six vaches. André DUBREUIL, *Les Semeurs de la pleine Lune*, Pygmalion / G. Watelet 1995.	

DES CONSEILS POUR RÉDIGER

1. DES IDÉES

Tu peux décrire ce que tu vois lorsque ton regard se déplace :
- d'un côté (à droite, par exemple) : *Sur la droite était la maison d'habitation...*
- en face de toi (ou au centre) : *La grange était au centre...*
- de l'autre côté (à gauche) : *À gauche se trouvait l'étable...*

2. DES PROCÉDÉS

- Tu commences par noter au brouillon simplement le nom de ce qu'il te paraît intéressant de décrire dans chaque secteur : *droite → maison, centre → grange, etc.*
- Ensuite, en rédigeant ta description, tu décris chaque élément en le situant bien : ***Sur la droite*** *était la maison d'habitation avec ses deux étages éclairés...*

DES MOTS EN LIBRE-SERVICE

Voir page 33.

Ordonner la description : du plus proche au plus lointain

Tu peux ordonner les détails d'une description du plus proche au plus lointain : tu notes d'abord les détails qui sont le plus près de toi, puis ceux qui sont un peu plus loin, et ainsi de suite jusqu'à l'horizon.

UN EXEMPLE

Une description

Autour de la maison familiale…

La maison familiale était là, bien assise, dans un repli de la campagne. […] Au-delà de ces lieux familiers s'étendait un terrain varié avec des arbres, un pré, une jonchaie minuscule et un réseau de petits chemins piétinés.
Un peu plus loin, on voyait le tumulte rougeoyant des toits du village, avec tout un désordre de ruelles, de murettes, de marronniers ombrageant des cours.
Au-dessus de tout cela, une côte sèche et bien exposée, où les petites vignes alternent avec des friches et des vergers jusque sous les éboulis et les roches.

Henri Vincenot, *Récits des friches et des bois,* Anne Carrière, 1997.

DES CONSEILS POUR RÉDIGER

1. Des idées

Pour décrire un paysage qui a de la profondeur (où tu vois loin), tu dois dire ce que tu vois dans les « plans* » successifs, à partir de toi jusqu'au lointain.

2. Des procédés

- Tu commences par noter au brouillon simplement le nom de ce qu'il te paraît intéressant de décrire à partir de l'endroit où tu te trouves jusqu'au lointain en le rattachant aux différents plans* : 1er plan : *maison* ; 2e plan : *terrain varié* ; 3e plan : *village*, etc.
- Ensuite, en rédigeant ta description, tu décris chaque élément en le situant bien par des expressions précises.

– 1er plan : ***là**, la maison familiale…*
– 2e plan : ***Au-delà de ces lieux familiers**, un terrain varié…*
– 3e plan : ***Un peu plus loin**, le village…*
– 4e plan : ***Au-dessus de tout cela**, une côte sèche et bien exposée…*

DES MOTS EN LIBRE-SERVICE

Voir page 33.

Ordonner la description : le panorama

Tu décris un panorama quand tu parles de ce que tu vois tout autour de toi, d'un point élevé, jusqu'à l'horizon. Par exemple, du sommet d'une colline, tu vois la plaine autour de toi. Tu ordonnes ta description selon les points cardinaux (nord, sud, est, ouest).

UN EXEMPLE

Description d'un panorama

Du haut d'un château féodal

À mes pieds la ville jasait doucement, et ses paroles m'arrivaient à travers des bouffées de vent ; les cloches de cent villages sonnaient ; des pucerons roux et blancs qui étaient un troupeau de bœufs, mugissaient dans une prairie à droite ; d'autres pucerons bleus et rouges, qui étaient des canonniers, faisaient l'exercice dans le polygone à gauche ; un scarabée noir, qui était une diligence, courait sur la route de Metz ; et au nord, sur la croupe d'une colline, le château du grand duc de Bade brillait dans une flaque de lumière comme une pierre précieuse. Moi, j'allais d'une tourelle à l'autre, regardant ainsi tour à tour la France, la Suisse et l'Allemagne dans un seul rayon de soleil.

Victor HUGO, *Le Rhin.*

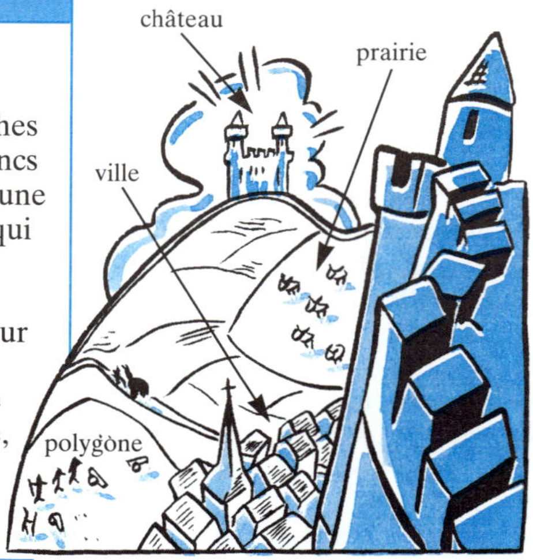

DES CONSEILS POUR RÉDIGER

1. DES IDÉES

D'une position élevée, tu découvres un large panorama*. Tu le décris en choisissant, parmi tout ce que tu vois, les choses qui te semblent les plus intéressantes.

2. DES PROCÉDÉS

a) Tu utilises des mots et expressions pour situer les choses décrites

- Tu décris chaque élément en le situant bien par des expressions qui peuvent être :
  - les mêmes que celles des autres descriptions : *à mes pieds, à droite, à gauche...*
  - les points* cardinaux : *au nord, au sud, à l'est (au levant), à l'ouest (au couchant)* ;
  - des noms de lieux : *sur la route de Metz...*
- Lorsque c'est nécessaire, pour décrire un paysage étagé, tu emploies des expressions telles que : *en bas, plus haut, au sommet...*

b) Tu utilises des comparaisons* et des métaphores* pour dépeindre les choses vues à une grande distance

Ce que tu décris paraît très petit parce que c'est très loin. Cela te fait penser à autre chose.

- Tu peux faire une comparaison* : *le château* [...] *brillait* [...] *comme une pierre précieuse...*
- Tu peux utiliser une métaphore* : *un scarabée noir, qui était une diligence...*

DES MOTS EN LIBRE-SERVICE (pour les leçons 10, 11, 12)

Des mots et expressions pour mettre l'espace en ordre

En haut, en bas
- en haut, au sommet, au faîte, en l'air, au-dessus, par-dessus...
- en bas, en contrebas, tout en bas, au fond, tout au fond, au-dessous, sous...

Autour
- près, auprès de, tout près de...
- aux environs, aux alentours, alentour, aux abords, à la ronde...
- à la périphérie, autour...

De côté et d'autre
- à côté, de ce côté-ci, de ce côté-là, d'un autre côté...
- à droite, à gauche, à l'aile droite, à l'aile gauche...
- au centre, au milieu...
- au nord, au sud, à l'est, à l'ouest, au levant, au couchant...

Ici et ailleurs
- ici, là, là-bas, ailleurs, quelque part...
- loin, au loin, à distance, dans le lointain, à l'horizon...
- au premier plan, au second plan, à l'arrière-plan, au milieu, au fond...

Dedans, dehors
- dans, dedans, au-dedans, à l'intérieur de...
- dehors, au-dehors, du dehors, extérieur, à l'extérieur, extérieurement...

L'un par rapport à l'autre
- en face l'un de l'autre, en vis-à-vis...
- l'un contre l'autre, l'un à côté de l'autre, parallèlement, côte à côte...
- l'un derrière l'autre, en file, à la queue leu leu, en colonne, en rang...
- en tête, en queue...

Devant, derrière
- en avant, en arrière, devant, derrière...
- antérieur, postérieur...
- en amont, en aval...

Le portrait

Le portrait est la description d'une personne ou d'un animal. Le portrait doit décrire le personnage (portrait physique) et montrer le caractère du personnage (portrait moral).

UN EXEMPLE

Un texte	Ce qu'on y indique
Portrait de Valentine Clément Enfin la porte de la maison s'est ouverte et Valentine Clément est apparue sur le seuil. Petite, un peu courbée c'est vrai, mais à peine,	**Le portrait physique** l'impression d'ensemble ou la silhouette du personnage
avec un visage tout lisse, légèrement rosi aux pommettes, et des cheveux de neige... Sur sa tête, une coiffe, la première que je voyais depuis mon arrivée sur l'île, une sorte de bonnet blanc agrémenté de deux pans de dentelles qui soulignaient son visage. [...]	les traits physiques
C'était quelqu'un de joyeux et qui aimait la vie dans tous ses détails, sans jamais être dupe. Elle mettait la même ferveur à préparer un far[1], à allumer un feu d'ajoncs dans sa cheminée, à planter une fleur, à chanter une chanson. Valentine était âgée sans doute, mais elle n'était pas vieille, oh non ! C'était à la fois une fourmi laborieuse, car elle n'arrêtait pas de faire quelque chose de ses dix doigts, et une cigale venue se perdre ici, au bout de la Terre. 1. *Gâteau breton* Yvon Mauffret, *Pépé la Boulange*, École des Loisirs.	**Le portrait moral** les traits de caractère

DES CONSEILS POUR RÉDIGER

1. Des idées

a) Tu fais le portrait physique avec des détails se rapportant…

- aux traits du visage :
  Quant à son nez, il formait, avec le sommet de son crâne et l'extrémité de son menton, un triangle irrégulier qui donnait à son profil la physionomie d'un rat vigoureux.
  Jacques Cassabois, *Maman Bibli*, Nathan.

- à la forme du corps :
  Devant un guéridon, un homme était assis, de quarante à quarante-cinq ans, petit, gros, trapu, rougeaud, en bras de chemise...
  Alphonse Daudet.

- aux vêtements :

Été comme hiver, on le voyait vêtu d'une sorte de veston en velours à côtes, déchiré et graisseux, d'un pantalon de toile bleue déteinte... Octave MIRBEAU.

- aux gestes et aux jeux de physionomie* :

D'une main, il tenait un livre, de l'autre, il brandissait une énorme pipe à couvercle de fer et, tout en lisant, il faisait, en avançant sa lèvre inférieure, une moue terrible... Alphonse DAUDET.

- à la voix :

Le « nouveau » articula, d'une voix bredouillante, un nom inintelligible. « Répétez ! » Le même bredouillement de syllabes se fit entendre, couvert par les huées de la classe. « Plus haut ! cria le maître, plus haut ! » Le « nouveau », prenant alors une résolution extrême, ouvrit une bouche démesurée et lança à pleins poumons, comme pour appeler quelqu'un, ce mot : « Charbovari ». Gustave FLAUBERT, *Madame Bovary.*

b) Tu fais le portrait moral avec des détails correspondant au caractère du personnage

Tu peux faire ce portrait...

- de façon directe, en nommant le trait de caractère exprimé :

M. Permelec portait le masque du parfait pisse-vinaigre et respirait la mesquinerie. Jacques CASSABOIS, *Maman Bibli,* Nathan.

- de façon indirecte :
  - en choisissant des traits physiques qui évoquent des sentiments ou des traits de caractère :

  Cette mère encore jeune avait... des yeux qui souriaient même quand elle était fâchée, un front tranquille et sans rides. René BAZIN.

  - en faisant agir les personnages :

  Tous les jours, il se postait sur le seuil de sa caverne et disait, avec des ricanements sinistres : « Le premier qui passe, je le mange ».

Henriette BICHONNIER, *Le Monstre poilu,* Gallimard.

2. Des procédés

Tu peux commencer par faire, au brouillon, **le signalement* du personnage**. Le signalement d'une personne est l'ensemble des indications qui permettent de la reconnaître.

	Signalement de Valentine
a) Son état civil	
• Son nom, son âge.	Valentine – 70 ans.
• Son milieu : lieu de vie (ville, hameau, etc.), profession.	Île bretonne, retraitée de la marine marchande.
b) Ses traits physiques	
• Sa silhouette* (grande, corpulente, droite, courbée, maigre, etc.).	Petite, un peu courbée, mais à peine.
• Les détails de son apparence. Ils peuvent se rapporter au visage, au corps, aux vêtements, à la voix, aux attitudes, aux gestes, etc.	– visage tout lisse, légèrement rosi aux pommettes ; – cheveux de neige ; – sur sa tête, une coiffe.
c) Ses traits de caractère	
• Indiquer son trait de caractère dominant.	Quelqu'un de joyeux et qui aime la vie.
• Indiquer ensuite les éléments qui traduisent ce caractère. Il peut s'agir : – de traits physiques ;	Elle est âgée sans avoir l'air vieille.
– d'actions habituelles ou de manières d'être.	Elle aime chanter et occuper ses mains à faire toutes sortes de choses.

Quand tu as fait le signalement, tu rédiges le portrait proprement dit en suivant les conseils donnés dans la partie précédente (Des idées).

DES MOTS EN LIBRE-SERVICE

Des mots pour écrire un portrait physique

Carrure : taille, charpente, carcasse, stature…
Corps :
- grand, gigantesque, petit, nain, nabot, élancé, bien fait, svelte, robuste, sain…
- maigre, émacié, anguleux, hâve, squelettique, décharné…
- trapu, ramassé, gras, potelé, replet, dodu, rebondi, obèse…
- difforme, bossu, bancal, mal bâti, gringalet, maladif…

Taille : grande, haute, moyenne, petite, minuscule, énorme, normale, ordinaire…
Vêtement :
- tenue, costume, robe, uniforme, toilette…
- loques, guenilles, nippes, accoutrement…
- léger, chaud, commode, ample, large, étroit, étriqué, serré…
- riche, somptueux, magnifique…
- vieux, usé, déchiré, rapiécé, élimé, démodé…

Tête :
- ronde, carrée, ovale, grosse, petite, plate, pointue…
- belle, vilaine, laide, affreuse, difforme…
- chevelue, bouclée, tondue, rasée, chauve…

Visage :
- doux, fin, avenant, joli, gai, radieux, riant, serein, ouvert…
- ingrat, laid, mauvais, repoussant, triste, lugubre, morose…
- long, ovale, rond, étroit, pâle, blême, coloré, enflammé…

Nez : droit, crochu, recourbé, rond, pointu, épaté, camus, écrasé, aquilin…
Oreilles : larges, courtes, évasées, décollées, pointues, pendantes…
Yeux :
- noirs, gris, bleus, verts, pers, glauques, grands, gros, vifs, éteints, torves…
- bons, mauvais, doux, tristes, sévères, furieux, furibonds, farouches…

Voix : aiguë, nasillarde, rauque, grave, caverneuse, éraillée…

Des mots pour écrire un portrait moral

- bon, sympathique, agréable, aimable, affable, facile, confiant, paisible, serein, courtois, gai, enjoué, jovial, réservé, ouvert, franc, fidèle…
- doux, placide, débonnaire, calme, tranquille, patient, austère…
- froid, impassible, flegmatique…
- triste, mélancolique, taciturne, morose, sombre, maussade…
- rusé, astucieux, rapide, vif, lent, doux, violent, impétueux…
- mauvais, antipathique, hargneux, difficile, brusque, bougon, grincheux, tatillon, irritable, irascible, susceptible, soupçonneux, ombrageux, grossier…

TABLEAU 2
Décrire

1. Pourquoi on fait une description ou un portrait

On utilise la description
pour <u>montrer les choses</u> :
- choses réelles : paysages, villes, maisons, vitrines, gâteaux…
- choses imaginaires* : ville d'une autre planète, château d'un ogre…

On utilise le portrait
pour <u>montrer les êtres</u> :
- êtres réels : humains, animaux (chien, chat, oiseau…) ;
- êtres imaginaires : fées, monstres, sorcières…

2. Ce qu'on note pour faire une description ou un portrait

On note des sensations de diverses natures :
- <u>sensations visuelles</u>* (vue, œil) : formes, couleurs, lumière, attitudes, mouvements…
- <u>sensations auditives</u>* (ouïe, oreille) : intensité des sons, ce qui les caractérise…
- <u>sensations olfactives</u>* (odorat, nez) : comment on les respire, ce qu'elles évoquent…
- <u>sensations tactiles</u>* (toucher, peau) : température, degré d'humidité ou de sécheresse, mollesse ou dureté, sensation produite par le contact…
- <u>sensations gustatives</u>* (goût, langue) : saveur de ce que l'on goûte, effet produit…

3. Plan* de la description et du portrait

<u>La description</u>

On décrit ce qu'on voit par rapport au point où l'on se trouve :
- ou bien ce qui est : à droite, à gauche, en face, au-dessus, au-dessous…
- ou bien ce qui est : au premier plan*, au second plan, ici, plus loin…

<u>Le portrait</u>

On fait :
- le portrait physique : silhouette, attitude, visage, voix, vêtements…
- le portrait moral : traits de caractère, que l'on indique ou que l'on donne à découvrir…

4. Procédés de style pour faire une description ou un portrait

Dans les deux cas, on peut employer :
- des verbes descriptifs ;
- des personnifications* ;
- des comparaisons* ;
- des métaphores*.

RAPPORTER

Le compte rendu d'un événement
Le compte rendu sportif
Le procès-verbal d'une réunion

PRESCRIRE

La recette
Le mode d'emploi
Les règles d'un jeu ou d'un sport

Le compte rendu d'un événement

Dans le compte rendu d'un événement, tu racontes ce qui s'est produit. Dans les journaux, les journalistes font le compte rendu d'événements qui ont eu lieu dans le monde entier.

UN EXEMPLE

Le compte rendu d'un événement dans un journal	Ce qu'on y indique
Vendredi 17 avril, la navette américaine *Columbia* a décollé de cap Canaveral (en Floride, au sud des États-Unis).	ce qui s'est produit quand, où
À son bord, sept hommes et deux mille animaux !	avec qui
C'est un vrai zoo que *Columbia* transporte. Un zoo qui va rester seize jours dans l'espace, à tourner autour de la Terre.	comment
Les sept astronautes vont devoir faire des recherches très importantes sur ces animaux et sur eux-mêmes. Ils doivent étudier la réaction du système nerveux dans l'espace en état d'apesanteur (quand le corps n'a plus de poids).	pourquoi
Quand on est tout là-haut loin de l'attraction de la Terre, tout est différent. Par exemple, pour attraper une balle dans l'espace, le cerveau doit donner des ordres particuliers. En effet, si, sur la Terre, la balle lancée a de la vitesse, dans l'espace, elle se déplace très lentement. Aussi, le cerveau doit réagir avec la même « vitesse » pour attraper la balle. Il doit créer une nouvelle façon de fonctionner. Et c'est cela que les astronautes doivent étudier.	
C'est pour cela et pour la première fois qu'une navette « embarque » autant d'animaux. Ils sont plus de deux mille : 1 500 criquets, 152 rats, 135 escargots, 223 poissons et 18 souris sont du voyage !	
La mission qu'ont les astronautes est très importante, car c'est le premier vol de navette qui est vraiment fait sur l'étude du cerveau et les réactions nerveuses.	opinion personnelle
Journal des enfants, n° 695 du 24 avril 1998.	

DES CONSEILS POUR RÉDIGER

1. Des idées

Pour trouver ce que tu dois écrire dans un compte rendu, tu dois te poser les questions suivantes :

- **Quoi ?** De quel événement s'agit-il ? *le décollage de la navette spatiale* ;
- **Quand ?** À quel moment s'est-il produit ? *le 17 avril* ;
- **Où ?** À quel endroit s'est-il produit ? *à cap Canaveral* ;
- **Avec qui ?** Qui y participait ? *sept hommes et deux mille animaux* ;
- **Comment ?** Quelles sont les étapes de l'événement ? *Le départ, rester seize jours dans l'espace* ;
- **Pourquoi ?** Quelles sont les causes de l'événement ? *faire des recherches scientifiques* ;
- **Que penses-tu de cela ?** Quelle est ton opinion personnelle sur l'événement ? *La mission qu'ont les astronautes est très importante...*

2. Des procédés

Tu organises ensuite tes réponses en trois parties

- Présentation de l'événement :
  Tu donnes les renseignements qui répondent aux questions : quoi ? quand ? où ? avec qui ?
- Déroulement de l'événement :
  Tu donnes les renseignements qui répondent aux questions : comment ? pourquoi ?
- Réflexions sur l'événement :
  Tu exprimes dans cette troisième partie ton opinion personnelle.

DES MOTS EN LIBRE-SERVICE

Des mots pour commencer un compte rendu...

Quand	Quoi	Où	Avec qui	Comment
Jeudi 6 juin 1998,	un incendie de forêt s'est déclaré	dans le nord-est de la Catalogne.	Six cents personnes ont du être évacuées	avec l'aide des pompiers. La ville de Tora a mis des locaux provisoires à leur disposition.
En mars 1799,	une expédition française partit étudier les eaux du Nil.	Elle devait remonter jusqu'à la première cataracte.	Elle se composait de sept jeunes ingénieurs et d'un artiste.	Le 18 mars à 9 heures, elle embarqua à bord de gros bateaux à voile.

Le compte rendu sportif

Dans un compte rendu sportif, tu racontes un événement de la vie sportive qui passionne les amateurs de sport. Cet événement peut être : un match, une course, une compétition, une rencontre… Les comptes rendus sportifs se trouvent dans les pages sportives des journaux et, surtout, dans les journaux spécialisés.

UN EXEMPLE

Un article de journal	Ce qu'on y indique
Le métier mulhousien MONTPELLIER (M. Rigout). – Spencer et Montpellier réussissaient leur départ et menaient jusqu'à la 6e minute. À cet instant, Mulhouse passait en tête 15 – 13 grâce à un meilleur rebond, une bonne circulation de balle et une adresse au-dessus de la moyenne pour Monschau, Toupane et Davis (9 paniers à trois points dans cette première période) qui se détachaient rapidement. 32 – 23 à la 10e. Dubreuil cherchait la solution en faisant tourner son effectif, alors qu'à Mulhouse seul Butter suppléait Szaniel pendant quelques minutes. 56 – 40 au repos. Il n'y avait rien à redire. Dès la reprise, les Montpelliérains, poussés par un Guy Prat des grands soirs, revenaient dans la partie et, à la 34e minute, le retard n'était que de cinq points. Coup sur coup, Cavallo, Prat et encore Cavallo marquaient, et à 2 minutes 33 secondes de la fin, le score était de parité : 90 – 90. Tout était encore possible, mais le métier des Mulhousiens, joint à un arbitrage sévère aux dépens des locaux, leur permettait de l'emporter sur le fil au terme d'un final tumultueux, sur le terrain et autour du terrain. *L'Équipe*, n° 13 542 du 8 novembre 1989.	le déroulement du match des détails techniques le nom des joueurs une image frappante le résultat l'ambiance

DES CONSEILS POUR RÉDIGER

1. Des idées

Pour rédiger un compte rendu sportif qui ait du succès, tu dois donner…

- des informations qui permettent de suivre l'évolution précise de l'événement :
  Spencer et Montpellier réussissaient leur départ et menaient jusqu'à la 6e minute. À cet instant, Mulhouse passait en tête 15-13…
- des informations sur les joueurs qui se sont distingués :
  Coup sur coup, Cavallo, Prat et encore Cavallo marquaient…
- des informations qui permettent d'éprouver des émotions, qui apportent du suspense à l'événement :
  Tout était encore possible, mais le métier des Mulhousiens…
- des informations sur l'ambiance de la rencontre :
  un final tumultueux, sur le terrain et autour du terrain.

2. Des procédés

Tu dois écrire de façon simple et employer des mots techniques (car tes lecteurs sont des « connaisseurs »). Pour cela, tu utilises…

- des phrases courtes :
  56-40 au repos. Il n'y avait rien à redire…
- des comparaisons* ou des métaphores* suggestives :
  un Guy Prat des grands soirs…
- un vocabulaire* technique :
  Un meilleur rebond, une bonne circulation de balle, 9 paniers à trois points.

DES MOTS EN LIBRE-SERVICE

Des mots pour écrire sur le sport

Des adjectifs

grand, magnifique, superbe, sublime, héroïque, célèbre, illustre, fameux, grandiose, incroyable, fabuleux, surhumain, foudroyant, funeste…

Des noms

arbitre, camp, chronomètre, capitaine, champion, championnat, match, catégorie, équipe, faute, pénalisation, finale, demi-finale, record, entraînement, entraîneur, stade, piste, gymnase, gradin, circuit, court, filet…

Des verbes

- s'échauffer, s'entraîner, disputer, jouer, participer, rencontrer…
- attaquer, contre-attaquer, contrer, défendre, dégager en touche, dribbler, marquer, passer, percer, plaquer, remettre en jeu, renvoyer, stopper, transformer…
- gagner, vaincre, mener, se qualifier, éliminer, perdre, abandonner, déclarer forfait, égaliser, arbitrer, disqualifier, pénaliser…

Le procès-verbal d'une réunion

Comme tu l'apprends en éducation civique, la vie en commun s'organise au cours de réunions où l'on prend des décisions qu'il faut respecter. Le procès-verbal d'une réunion est un compte rendu fidèle et approuvé de ce qui s'est dit au cours de cette réunion.

UN EXEMPLE

Le procès-verbal d'une réunion[1]	Ce qu'on y indique
Bureau de la Coopérative scolaire **Procès-verbal de la séance du 4 décembre**	**Indications obligatoires :** le titre
Le 4 décembre à 17 heures, le bureau de la coopérative scolaire s'est réuni en séance ordinaire	le jour et l'heure
dans la salle de la cantine,	le lieu
sous la présidence de Valérie Le Guenn.	la présidente de séance
Secrétaire de séance : Victor Bailleul.	le secrétaire de séance
Présents : Marianne Halimi, Xavier Rousseau, Fousseyni Togola, Sabrina Guy, Sophie Perez.	les membres présents
Absents excusés : Stéphane Catoni, Hugo Frey.	les absents excusés
Valéry Le Guenn a donné lecture du procès-verbal de la précédente séance, qui avait eu lieu le 29 octobre dernier. Celui-ci a été adopté à l'unanimité.	**Approbation du procès-verbal** de la réunion précédente
On a ensuite abordé l'ordre du jour qui comportait un seul point : la préparation de l'arbre de Noël de l'école, dont la date est fixée au 20 décembre. 1. Inventaire des fournitures restant de l'an dernier. Il sera dressé pour le 9 décembre par les élèves de CE2. 2. Acquisition de l'arbre. La classe de CM2 se procurera un arbre pour le 12 décembre. Cette décision étant prise, il restera à déterminer qui achètera les fournitures pour la décoration (on pense aux élèves de CM1) et quelle contribution la coopérative pourra fournir pour l'achat des cadeaux. Il est décidé qu'une réunion extraordinaire aura lieu le lendemain 5 décembre à 17 heures. La présidente lève la séance à 18 heures.	**Compte rendu des débats :** examen de l'ordre du jour, avec indication des décisions prises
Le secrétaire de séance *Victor Bailleul*	

1. Le procès-verbal, rédigé par un participant qui est le **secrétaire de séance**, devra être approuvé par l'ensemble des participants et inscrit dans un cahier que l'on appelle le **registre des délibérations**.

DES CONSEILS POUR RÉDIGER

1. Des idées

Dans un procès-verbal de réunion, tu dois faire figurer…

a) Certaines indications obligatoires

- le jour et l'heure de la réunion ;
- le lieu où elle se tient ;
- le nom du président ou de la présidente de séance.
- le nom du ou de la secrétaire de séance ;
- le nom des personnes présentes ;

b) L'approbation du procès-verbal de la précédente réunion
Le président fait voter ce procès-verbal et tu écris le résultat du vote dans le procès-verbal de la réunion du jour.

c) Le compte rendu de ce qui s'est dit au cours de la réunion
Tu notes principalement les décisions prises en commun.

2. Des procédés

a) Tu prends des notes
Pendant la réunion, tu prends des notes sur une feuille de papier : tu écris rapidement sans faire de phrases tout ce qui te sera utile pour rédiger le procès-verbal.

b) Tu fais un compte rendu des débats
Après la réunion, tu rédiges le procès-verbal à partir des notes que tu as prises :
- tu ne retiens que les choses se rapportant à l'ordre du jour ;
- tu ne mentionnes pas les détails ;
- tu indiques le nom de ceux qui font des interventions importantes ;
- tu rédiges les décisions avec clarté et précision pour qu'elles puissent être comprises de tous et appliquées sans erreur.

DES MOTS EN LIBRE-SERVICE

Quelques définitions

Bureau : petit groupe de personnes élues par les membres d'une association pour assurer la direction et le fonctionnement de cette association.
Lever la séance : mettre fin à la réunion.
Membre : personne qui appartient à une collectivité (association).
Ordre du jour : programme des questions à examiner lors d'une réunion.
Président de séance : celui qui dirige les débats.
Procès-verbal : compte rendu.
Séance : réunion.
Séance ordinaire : séance tenue aux dates prévues par les statuts.
Séance extraordinaire : séance supplémentaire rendue nécessaire par un événement quelconque.
Secrétaire de séance : celui qui prend des notes et rédige le procès-verbal.

La recette

**Tu donnes toutes les informations indispensables pour réussir ta recette.
Tu indiques : les ingrédients, le matériel nécessaire, l'ordre des opérations.
Tu détailles chacune de celles-ci et tu prévois les erreurs à éviter.**

UN EXEMPLE

Une recette de dessert	Ce qu'on y indique
Les bananes à la noix de coco **Préparation :** 20 minutes **Cuisson :** 10 minutes **Ingrédients pour 4 personnes :** 4 bananes 100 g de chocolat à croquer 40 g de beurre 2 bonnes cuillerées à soupe de crème fraîche 125 g de noix de coco râpée	le temps de préparation le temps de cuisson les denrées à se procurer
Matériel : 1 grande casserole 1 écumoire du papier absorbant 1 saladier 1 cuillère en bois 2 moufles de cuisine 1 assiette 1 plat de service 1 bol	le matériel à préparer
Préparation : **1.** Remplissez la casserole d'eau. Posez-la sur le feu. Faites bouillir l'eau. **2.** Pelez les bananes, sans oublier de retirer les petits filaments blancs qui adhèrent à la chair. **3.** Plongez-les dans l'eau bouillante. Laissez-les pocher 2 à 3 minutes. Dès qu'elles commencent à ramollir, retirez-les délicatement de l'eau à l'aide d'une écumoire, et égouttez-les sur du papier absorbant.	les opérations à accomplir 
4. Posez alors un saladier sur la casserole, cassez-y le chocolat et laissez-le fondre ainsi au bain-marie. Dès qu'il est mou, ajoutez le beurre et la crème fraîche. Délayez soigneusement avec la cuillère. Éteignez le feu et <u>enfilez les moufles de cuisine</u> pour retirer le saladier, car la vapeur qui se dégage de la casserole est brûlante.	les précautions à prendre
5. Étalez la noix de coco râpée sur une assiette. Trempez les bananes une à une dans la sauce au chocolat, puis roulez-les dans la noix de coco râpée. Disposez-les, au fur et à mesure, dans le plat de service. **6.** Incorporez la noix de coco demeurée sur l'assiette à ce qui reste de sauce au chocolat ; mélangez et versez dans un bol. Présentez les bananes en même temps que la sauce au chocolat. Bon appétit !	

DES CONSEILS POUR RÉDIGER

1. Des idées

a) Tu donnes les informations qui permettent de savoir si l'on peut réaliser cette recette

- le temps de préparation ;
- le temps de cuisson ;
- les denrées à se procurer ;
- le matériel à préparer.

b) Tu décris chaque étape de la préparation

Tu décris chaque étape de façon détaillée pour que le lecteur sache exactement ce qu'il doit faire.

Tu ne te contentes pas de dire : *Faites fondre le chocolat*, mais tu précises comment il faut le faire : *Posez alors un saladier sur la casserole, cassez-y le chocolat et laissez-le fondre ainsi au bain-marie.*

c) Tu prévois les erreurs

Tu signales les erreurs à ne pas commettre ou les précautions à prendre…

- pour éviter des désagréments : *N'oubliez pas de retirer les filaments blancs.*
- pour éviter l'accident : *Enfilez des moufles de cuisine pour retirer…*

2. Des procédés

- Tu utilises des verbes qui sont soit à l'impératif, soit à l'infinitif.
- Tu rédiges des phrases courtes.
- Tu présentes bien les différentes étapes de la recette :
  - tu fais un paragraphe par étape ;
  - tu places ces étapes dans l'ordre où elles doivent être réalisées ;
  - tu numérotes chacun des paragraphes.
- Tu utilises un vocabulaire précis : *faire bouillir* (plus précis que *faire chauffer*)…
- Tu peux illustrer ta recette :
  - pour montrer des étapes difficiles à réaliser ;
  - pour présenter le plat terminé.

DES MOTS EN LIBRE-SERVICE

Des mots pour écrire : les gestes du pâtissier

Verser : la farine, la pâte, l'eau, la semoule…
Ajouter : les œufs, le zeste de citron, le lait, l'huile, le beurre…
Travailler : à la spatule, avec une cuillère, à la fourchette, à la main…
Arroser : de sirop, de crème, de jus d'ananas…
Recouvrir : avec les fruits, avec le mélange beurre et œufs…
Étaler : la pâte brisée, feuilletée dans un moule beurré…
Démouler : le gâteau, les madeleines, les sablés, la tarte…
Décorer : avec de la crème Chantilly, des tranches d'oranges, des fruits confits…
Servir : tiède, froid, chaud, avec une crème glacée…

Le mode d'emploi

Dans un mode d'emploi, tu expliques le fonctionnement d'un appareil. Comme la recette, le mode d'emploi doit être détaillé, ordonné, prévoyant. Tu pourras l'accompagner d'un ou plusieurs schémas qui compléteront utilement ton texte.

UN EXEMPLE

Le mode d'emploi d'un presse-agrumes

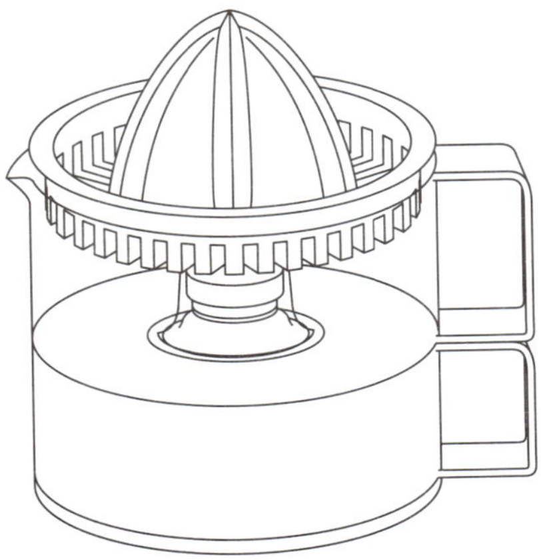

- Poser le cône filtre et le bol réceptacle sur le bloc moteur.
- Placer la poignée du bol dans le prolongement de la poignée du bloc moteur.
- Brancher l'appareil (220 volts).
- Appuyer une moitié de fruit sur le cône. Le moteur démarre par simple pression de la main.

Important : Le cône change de sens de rotation automatiquement. Cela écrase la pulpe du fruit. Ce mouvement de va-et-vient est normal.

Entretien

- Nettoyer le bloc moteur avec une éponge.
- Ne pas mettre le bloc moteur sous l'eau.
- Passer le cône filtre et le bol réceptacle sous l'eau.
- Ne pas utiliser d'éponge métallique.

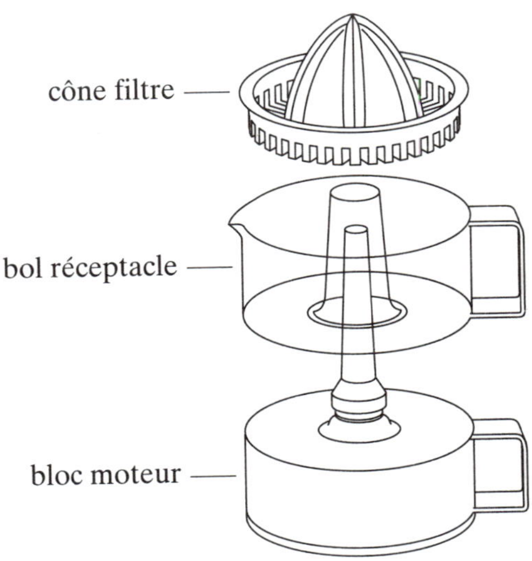

DES CONSEILS POUR RÉDIGER

1. Des idées

a) Sur les schémas

- tu présentes l'appareil monté ;
- tu montres comment s'emboîtent les différentes parties de l'appareil ;
- tu indiques le nom des diverses pièces (la nomenclature*) :
  cône filtre – bol réceptacle – bloc moteur
  Tu pourras ainsi utiliser ces noms dans ton texte explicatif.

b) Dans le texte

- tu décris les opérations à accomplir de façon détaillée :
  Poser le cône filtre et le bol réceptacle sur le bloc moteur.
  Placer la poignée du bol dans le prolongement de la poignée du bloc moteur.
- tu prévois les erreurs à éviter :
  Ces informations sont aussi importantes que les conseils qui expliquent le fonctionnement, car elles préviennent des dangers possibles pour l'utilisateur :
  Ne pas mettre le bloc moteur sous l'eau.
  Ne pas utiliser d'éponge métallique.

2. Des procédés

Comme dans la recette :

- tu utilises des verbes qui sont soit à l'impératif, soit à l'infinitif ;
- tu rédiges des phrases courtes (une phrase par action) ;
- tu suis bien l'ordre des étapes ;
- tu utilises les mêmes mots que ceux que tu as utilisés dans les schémas.

DES MOTS EN LIBRE-SERVICE

Des mots pour écrire un mode d'emploi

Des verbes

brancher, appuyer, démarrer, dérouler, enrouler, tourner, arrêter, régler, remplacer, ranger, utiliser, fonctionner, observer, surveiller, assembler…

Des noms

prise de courant, interrupteur, marche, arrêt, réglage, ouverture, fermeture, puissance, curseur, cordon, accessoire, poignée, manette, pédale, touche, bouton, clavier, tube, raccord, moteur, fixation…

Des adjectifs

supérieur, inférieur, automatique, manuel, inverse, lumineux, métallique, plastique, gradué, électrique, actif…

Les règles d'un jeu ou d'un sport

Les règles d'un jeu ou d'un sport sont un ensemble de conventions* que les joueurs sont tenus de respecter. Tu devras les exprimer avec clarté et, pour éviter toute contestation, prévoir tous les cas possibles.

UN EXEMPLE

Une règle du jeu	Ce qu'on y indique
Le jeu de dames 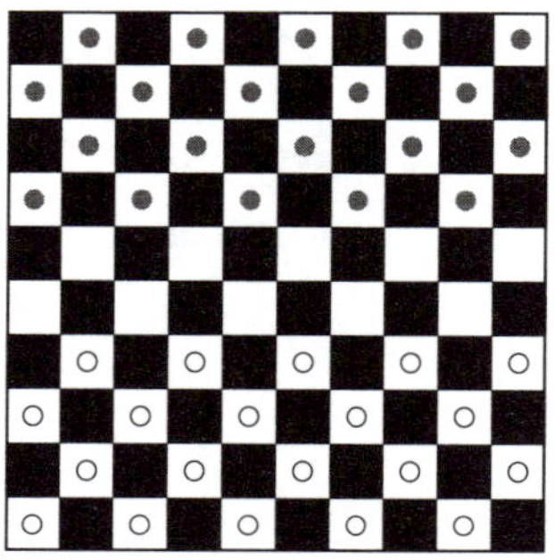	
Nombre de joueurs : 2 **Matériel :** 1 damier, 20 pions blancs, 20 pions noirs	les indications pratiques
But du jeu : Éliminer tous les pions de l'adversaire ou le bloquer de façon à l'empêcher de jouer.	le but à atteindre
Règles Chaque joueur place ses 20 pions sur les cases blanches des 4 premières lignes placées devant lui. Les 2 lignes vides vont permettre de déplacer les pions au début de la partie.	le début de la partie
Chaque joueur avance tour à tour un pion d'une case en diagonale. Il n'a pas le droit de le reculer, sauf pour « manger » un pion adverse. Pour manger un pion, il faut que dans la diagonale de ce pion se trouve une case blanche libre. Le pion « mangeur » saute par-dessus ce pion et se place dans cette case. Le pion « mangé » est retiré du damier. Le joueur peut « manger » plusieurs pions en une seule fois, à condition qu'il passe chaque fois par une case vide. Un pion qui arrive sur la première ligne de son adversaire, au-delà de laquelle il ne peut plus avancer, devient dame : il est surmonté d'un autre pion de même couleur pris dans ceux qu'avait mangés l'adversaire. Une dame se déplace en diagonale, mais aussi bien en avançant qu'en reculant, et d'une ou plusieurs cases.	le déroulement 
Un joueur a gagné quand son adversaire n'a plus de pion ou qu'il est bloqué.	la fin de la partie

DES CONSEILS POUR RÉDIGER

1. Des idées

Pour rédiger les règles d'un jeu…

a) Tu présentes le jeu

Tu précises le nombre de joueurs, le matériel nécessaire, la position des joueurs (sport collectif…), la disposition des pièces (jeu de dames…), la distribution des cartes (jeu de cartes…), etc.

Tu peux donner le but du jeu dès la présentation.

b) Tu donnes les règles du déroulement du jeu

avec ce qui est permis ou interdit.

c) Tu précises les sanctions positives (points marqués) ou négatives (points perdus).

d) Tu expliques comment on est déclaré vainqueur

2. Des procédés

a) Tu dois être précis

Par exemple, dans cette phrase : *Chaque joueur avance tour à tour un pion d'une case en diagonale*, tu précises : un sens, *avance* ; un ordre, *tour à tour* ; des quantités, *un pion, une case* ; une direction, *en diagonale*.

b) Tu dois être complet

Pour être complet, il faut que tu penses à tous les cas qui peuvent se produire, et que tu expliques pour chacun d'eux ce qu'il faut faire.

Par exemple, tu ne dois pas te contenter de dire qu'un pion est « mangé », mais tu dois indiquer ce que deviennent le pion « mangeur » et le pion « mangé » :

Le pion « mangeur » saute par-dessus ce pion et se place dans cette case.
Le pion « mangé » est retiré du damier.

Dans certains cas, il est utile de faire un schéma pour montrer comment sont disposés les différents éléments du jeu au début de la partie, les cas particuliers…

DES MOTS EN LIBRE-SERVICE

Des mots pour jouer aux cartes

Distribuer les cartes ; être premier en carte ; battre les cartes ; un jeu de cartes ; couper ; passer ; tirer une carte ; ouvrir le jeu ; fournir en atout ; avoir une annonce ; étaler son jeu ; abattre son jeu ; être capot ; faire une levée ; avoir deux couleurs ; deux manches et la belle ; mener à la marque ; un honneur ; un chelem ; un brelan ; un carré ; une quinte ; une paire…

Tableau 3
Rapporter, prescrire

1. *Que s'est-il passé ?* RAPPORTER
Comptes rendus (C.R.), procès-verbaux (P.V.)

Questions	C.R. d'un événement	C.R. sportif	P.V. d'une réunion
Que s'est-il passé ?	Première partie de l'article : présentation de l'événement.	Narration détaillée de la partie, du match…	Ordre du jour de la réunion.
Quand ?		Dans le titre ou en début d'article.	Indications obligatoires au début du P.V.
Où ?			
Avec qui ?		Noms de joueurs.	
Comment ?	Deuxième partie de l'article : déroulement de l'événement.	Détails qui donnent des émotions.	Compte rendu des débats.
Pourquoi ?		Explications techniques appréciées des connaisseurs.	Interventions importantes qui reflètent l'avis des membres présents.
Qu'en penser ?	Troisième partie de l'article : conclusion.		

2. *Comment faire ?* PRESCRIRE
Recettes, modes d'emploi, règles d'un jeu

Rubriques	Recette	Mode d'emploi	Règle du jeu
Description du matériel	Première partie : • ingrédients ; • matériel.	Matériel présenté à l'aide d'un croquis.	Des schémas présentent souvent la disposition du jeu.
Opérations à accomplir	Deuxième partie : • opérations détaillées ; • ordre rigoureux.	On décrit les gestes simples ; on indique leur ordre.	Chaque règle est exprimée de façon complète et précise.
Précautions à prendre	Mise en garde contre les erreurs qui peuvent : • empêcher la réussite ; • provoquer un accident.	On mentionne les erreurs à éviter.	On évite toute ambiguïté dans la manière de s'exprimer.

RACONTER

Le sujet du récit
Les personnages du récit
La progression du récit
Le cadre du récit
Les dialogues
La bande dessinée
Le texte de théâtre

Le sujet du récit

Un conte, une fable, une légende, un roman, etc., sont des récits. Quand tu imagines un récit, tu dois d'abord choisir un sujet.

DES EXEMPLES

Des sujets de récits	Intentions
Sous un figuier… Sous un figuier aux larges feuilles sombres et aux fruits bleus et chauds de soleil, il y avait un homme allongé, la bouche grande ouverte. Quelqu'un vint à passer, et, tout étonné, demanda : « Mais que faites-vous donc ? – J'attends qu'une figue tombe dans ma bouche. – Excellente idée ! Je vais suivre votre exemple. » Il s'étendit… « Le Professeur de paresse » in *365 Contes pour tous les âges*, recueillis par Muriel BLOCH, Gallimard Jeunesse, 1986.	**Un sujet comique :** pour faire rire, amuser
Le tremblement de terre Elle se souvient de ce sentiment de danger imminent qui l'avait saisie, lors d'un voyage au Chili. D'abord dans la rue, puis encore dans sa chambre d'hôtel, où elle avait cru retrouver le calme et la sécurité. Tout à coup, l'immeuble s'était mis à frémir, puis à trembler franchement, et des cris s'étaient élevés dans les couloirs. Sitôt que ça s'était arrêté, à peine une minute plus tard, Hélène s'était approchée de la fenêtre pour voir des colonnes de fumée, de poussière, des flammes même jaillir de divers pâtés de maisons, avec des gens qui couraient en tous sens. Un tremblement de terre ! Force 4 sur l'échelle de Richter. Madeleine CHAPSAL, *Meurtre en thalasso*, Stock-Suspense, 1998.	**Un sujet dramatique :** pour provoquer de fortes émotions* (angoisse, terreur, pitié…)
Le départ du sorcier C'est parce qu'il ne pouvait plus accepter la méchanceté des hommes que le plus puissant des sorciers avait quitté son pays pour aller vivre sur le sommet d'une haute montagne. Dès son départ, toutes les fleurs des prairies, celles qui poussent sur les collines et dans les bois, celles qui fleurissent au bord des rivières, des lacs et des mers, se fanèrent et moururent. Pas une seule ne survécut. Et le pays devint un désert… Conte d'Australie, « Le Retour des fleurs » in *Histoires merveilleuses des cinq continents*, adaptation Ré et Philippe SOUPAULT, Seghers, 1985.	**Un sujet imaginaire :** pour faire jouer l'imagination

DES CONSEILS POUR RÉDIGER

1. Des idées

a) Tu peux intéresser un lecteur avec des sujets très variés

- des sujets dramatiques* : ils font naître chez le lecteur de fortes impressions (inquiétude, passion, joie, pitié…) ;
- des sujets comiques* ou humoristiques* : ils engendrent la bonne humeur ou le rire ;
- des sujets énigmatiques* : ils proposent des problèmes, des questions à résoudre…
- etc.

b) Tu peux choisir tes sujets dans deux domaines

- dans le réel : ce que tu racontes est réellement arrivé ou pourrait véritablement arriver ;
- dans l'imaginaire* : ce que tu racontes se passe dans un monde qui n'existe pas, peuplé d'êtres imaginaires, où les choses les plus extraordinaires sont possibles.

2. Des procédés

Pour écrire une histoire intéressante, tu dois savoir exactement ce que tu veux écrire. Pour cela, tu dois préciser au brouillon ton projet de deux façons :

- tu rédiges un titre bref qui résume l'histoire que tu vas raconter ;
- tu écris :
  - si ton projet se situe dans le monde réel ou le monde imaginaire,
  - s'il a pour ambition de faire rire (comique), d'émouvoir (dramatique), de faire chercher (énigmatique)…

DES MOTS EN LIBRE-SERVICE

Des mots pour écrire des récits

- Il était une fois un roi qui était resté très longtemps sans enfant. Comme sa femme commençait à vieillir, il craignait de ne pas avoir d'héritier…
- Il y avait une fois un paysan et sa femme qui étaient très pauvres…
- C'étaient un prince et une princesse qui avaient une fille unique. La princesse vint à mourir, mais avant de mourir, elle dit à son mari : …
- Un soir, le troubadour du château dit à son maître : …

Les personnages du récit

Dans un récit, tu racontes une aventure arrivée à des personnages réels ou imaginaires.

DES EXEMPLES

Des extraits de textes présentant des personnages	La nature des personnages
Heidi Le coup de sifflet strident a réveillé **Heidi**. « Mais, où suis-je ? » se demande-t-elle. Elle entend la voix de son **grand-père** et se rappelle les événements de la veille. Adapté de Johanna SPYRI, *Heidi*, Librairie Flammarion.	des humains
Le procès de Renard Le roi des animaux, Noble **le lion**, entouré de sa cour, préside la séance solennelle du tribunal chargé de juger **Renard**. Contes et légendes du Moyen Âge, *Le Roman de Renard*, Nathan.	des animaux
La Petite Sirène Le roi de la mer a six filles, toutes charmantes. La dernière est la plus jolie : elle a de grands yeux bleus ; sa peau est aussi claire et aussi douce que les pétales d'une rose. Mais comme ses sœurs, elle n'a pas de pieds ; son corps se termine par une queue de poisson : c'est une petite **sirène**. *La Petite Sirène*, adapté d'Andersen.	des êtres imaginaires
Le Pot de terre et le Pot de fer Le **pot de fer** proposa Au **pot de terre** un voyage. Celui-ci s'en excusa… LA FONTAINE, Le pot de terre et le pot de fer in *Fables*.	des choses
Neige au printemps Les seuls satisfaits étaient la **Neige** et le **Gel**. « Le Printemps a oublié le jardin, s'écriaient-ils, de sorte que nous vivrons ici toute l'année. » La Neige couvrit l'herbe de son grand manteau blanc et le Gel peignit d'argent tous les arbres. Oscar WILDE, *« Le Prince heureux » et Autres Contes.*	des éléments naturels

DES CONSEILS POUR RÉDIGER

1. Des idées

- Les personnages d'un récit peuvent être : des femmes et des hommes de tous âges, des animaux, des êtres imaginaires (une fée, un ogre, un dragon…), des choses (des objets, des éléments naturels…).

- Dans un récit, il y a le plus souvent un personnage principal dont on raconte l'histoire et des personnages secondaires qui y participent.
- Pour présenter ton personnage, tu ne le désignes pas seulement par son nom ou son prénom. Tu précises également ce qui permettra au lecteur de l'imaginer. Par exemple : son aspect physique, son caractère, sa profession, l'endroit où il vit, etc.

2. Des procédés

a) Comment parler d'un personnage pour le faire connaître ?

- Quand tu parles d'un personnage pour la première fois, tu le présentes en utilisant des groupes nominaux qui contiennent des **articles indéfinis** :
*Il y avait une fois **un** puissant roi nommé Théodore*
*qui avait **une** fille jolie, gracieuse et douce.*

b) Comment parler de ce personnage dans la suite du récit ?

Quand ce personnage est bien connu, tu le désignes à l'aide :
- d'articles définis : *une jeune fille jolie, gracieuse et douce → **la** jeune fille...*
- de déterminants démonstratifs : *une jeune fille jolie, gracieuse et douce → **cette** jeune fille...*
- de pronoms personnels : *une jeune fille jolie, gracieuse et douce → **elle**...*
- de noms propres : *un roi nommé Théodore → **Théodore**...*
- de noms génériques : *un loup survient à jeun* [...] *« Qui te rend si hardi de troubler mon breuvage ? » dit **cet animal** plein de rage...*

DES MOTS EN LIBRE-SERVICE

Des mots pour décrire les personnages des contes

- Un vieux roi ; une douce reine ; un gentil seigneur ; une jolie princesse ; un paysan misérable ; un petit berger ; un sorcier malfaisant ; une bonne fée ; un lutin agile ; un nain rieur ; un ogre terrifiant ; un chevalier généreux ; un garçon têtu ; une fille malicieuse…

- Un petit roi triste ; une reine avare ; un seigneur cruel ; une princesse autoritaire ; un paysan rusé ; un berger naïf ; un sorcier généreux ; une méchante fée ; un lutin maladroit ; un nain disgracieux ; un géant sanguinaire ; un ogre stupide ; un chevalier félon ; un garçon intelligent ; une fille ambitieuse…

La progression du récit

Dans un récit, tu racontes une histoire qui forme un tout, avec son début, son déroulement, sa fin.

UN EXEMPLE

Un récit	La progression
Pourquoi le Soleil brille de mille feux	
C'était il y a longtemps, bien longtemps, si longtemps que nulle mémoire sans doute ne s'en souvient. La Lune et le Soleil alors ne brillaient pas si haut dans le ciel mais vivaient plus bas, tout près de la Terre. Et personne ne sait plus aujourd'hui que la Lune et le Soleil étaient deux ravissantes jeunes filles dont on aurait difficilement pu dire laquelle l'emportait en beauté sur l'autre. Quant aux enfants, il ne se passait pas de jour qu'ils ne trouvent une échelle pour aller rejoindre les deux jeunes filles dans le ciel. Le ciel enfin ! Que vous en dire ? Tout y était si beau qu'aucun mortel n'avait jamais vu semblable merveille.	**La situation au début du récit**
Mais rien n'est éternel en ce monde. Un jour, parut sur la Terre un homme méchant, à l'âme plus noire que la nuit la plus noire, et voilà que cet homme se hissa un beau matin dans le ciel, y déchira les tentures, piétina les tapis blancs. Savez-vous même ce qu'il osa faire encore, cet effronté ? Il vola à la Lune son plus beau foulard d'arc-en-ciel !	**L'événement perturbateur** provoque le nœud de l'action.
	L'action se décompose en péripéties :
La colère des deux jeunes filles fut terrible ! Le soir même, elles allèrent s'installer très haut dans le ciel.	• première péripétie ;
Le lendemain, à leur réveil, les enfants levèrent les yeux au ciel. « Mais… où sont donc passées nos amies célestes ? » Alors, ils se mirent à crier très fort, pleurant et appelant sans relâche. La Lune eut pitié de ses enfants chéris et elle descendit pour jouer avec eux.	• deuxième péripétie ;
Mais soudain le méchant homme surgit et attrapa la Lune.	• troisième péripétie.
Dès que le Soleil aperçut la scène, il sortit ses aiguilles de sa tête et commença à piquer et à transpercer les yeux du misérable qui lâcha enfin prise.	**Le dénouement** met fin à l'action.
Mais jamais plus, depuis ce jour, le Soleil ne rentra ses aiguilles et malheur à qui ose le regarder droit dans les yeux : il pique et transperce impitoyablement.	**La situation à la fin du récit**
D'après *Contes chinois*, traduction PHILIPPOT / JOYE, Gründ.	

DES CONSEILS POUR RÉDIGER

Tous les récits sont construits en suivant une même progression qui se déroule en cinq étapes :

1. La situation au début de l'histoire

Avant que ne se déclenche l'événement que tu vas raconter, tu présentes les personnages qui y participent, dans leurs occupations et leur cadre habituels : *Près de la Terre, tout le monde vit en bonne harmonie, la Lune, le Soleil, les enfants. Dans le ciel, tout est bien, tout est beau.*

2. L'événement* perturbateur : le nœud* de l'action

Tu fais intervenir ensuite un événement perturbateur qui bouleverse la situation de départ. L'action se noue. Cet événement est le nœud de l'action :
Un méchant homme arrive et saccage tout dans le ciel.

3. Les péripéties* de l'action

Les personnages réagissent à cet événement perturbateur et s'engagent dans une sorte de lutte au cours de laquelle ils ont tantôt le dessus, tantôt le dessous. Chaque étape de cette lutte s'appelle une péripétie.
Première péripétie : *La Lune et le Soleil s'enfuient ; le méchant homme a le dessus.*
Deuxième péripétie : *La Lune redescend près de la Terre pour jouer avec les enfants ; les choses redeviennent comme avant.*

4. Le dénouement*

Le dénouement est la dernière péripétie : c'est la victoire pour certains personnages et la défaite pour les autres. Le dénouement marque la fin de l'action : *Le Soleil sort ses rayons et crève les yeux du méchant homme…*

5. La situation à la fin

À la fin de l'action, les personnages se retrouvent dans une situation généralement différente de celle du début. Tu termines le récit en décrivant cette situation :
Dorénavant, le Soleil se méfie, il garde ses aiguilles sorties et, si on le regarde, il perce les yeux impitoyablement.

DES MOTS EN LIBRE-SERVICE

Des mots et expressions pour introduire…

La situation de début : il était une fois, c'était une fois, dans le temps jadis, il y a de cela bien longtemps, à l'heure où commence ce conte, on raconte que dans ce pays, ce jour-là, par une belle journée, alors que…
L'événement perturbateur : un jour, un soir, un dimanche, alors, c'est alors, bientôt, quelque temps après, peu après, soudain, or un soir, mais voilà que, par une froide nuit d'hiver, un beau matin, cependant…
Une péripétie : tout à coup, le lendemain, mais alors…

Le cadre du récit

Le récit se déroule en un ou plusieurs lieux. Le récit sera différent suivant le cadre que tu auras choisi. La description de ce cadre a deux utilités : elle crée une ambiance et elle fait mieux comprendre l'action du récit.

UN EXEMPLE

Un passage de récit	Ce qu'on y indique
Moumine le Troll	
… Moumine éternua. « Dis, Moumine, fit le Renaclerican, j'ai une idée. Et si on allait jusqu'au sommet et qu'on élève un tumulus pour faire voir que personne n'y est venu avant nous ? – Allons-y ! » dit Snif en partant au galop pour arriver le premier.	Le récit débute.
Au sommet, le vent printanier dansait en liberté. Tout à l'entour, on voyait les horizons bleus. À l'ouest, c'était la mer ; à l'est, la rivière disparaissait entre les Collines Sauvages ; au nord, les grandes forêts étendaient leur tapis verdoyant, et au sud, la fumée de la cheminée des Moumine s'élevait, puisque la maman de Moumine le Troll faisait du café. Mais Snif ne voyait rien de tout cela car, au sommet de la colline, il y avait un grand chapeau haut de forme noir.	Le récit s'interrompt pour laisser place à une description des lieux dans lesquels il se déroule.
« Quelqu'un est déjà venu jusqu'ici ! » déclara-t-il. Moumine prit le chapeau et l'examina… Tove JANSSON, traduit du suédois par KERSTI et Pierre CHAPLET, *Moumine le Troll*, Arc en poche/Nathan, 1987.	La description terminée, le récit reprend.

DES CONSEILS POUR RÉDIGER

1. DES IDÉES

L'action du récit se déroule forcément quelque part. On dit qu'elle se déroule dans un certain cadre.
Tu dois interrompre le récit et décrire ce cadre :

a) Pour faire mieux comprendre l'action
Les personnages pensent qu'ils sont les premiers à mettre les pieds en cet endroit. La description doit donc montrer un vaste paysage composé seulement d'éléments naturels : *mer, rivière, forêt, colline…*

b) Pour créer une ambiance*
La description de ce paysage produit une impression de beauté et de propreté :

vent printanier, bleu de l'horizon, tapis verdoyant de forêts.
Cette ambiance rend d'autant plus déplacée la présence du chapeau noir.

2. Des procédés

a) Pour mieux faire comprendre l'action
Tu insistes sur la disposition des lieux dans laquelle elle se déroule :
au sommet..., tout à l'entour..., à l'ouest..., à l'est..., etc.

b) Pour créer une ambiance*
Tu accumules les détails propres à produire une impression sur le lecteur :
vent printanier, liberté, horizons bleus, mer, collines sauvages, etc.

DES MOTS EN LIBRE-SERVICE

Des mots pour caractériser une ambiance...

Joyeuse
- Des adjectifs : radieux(se), gai(e), heureux(se)...
- Des noms : joie, gaieté, réjouissance, bonheur...

Triste
- Des adjectifs : affligé(e), chagrin(e), peiné(e)...
- Des noms : affliction, tristesse, chagrin, peine...

Agitée
- Des adjectifs : troublé(e), bruyant(e), tumultueux(se)... éperdu(e), fougueux(se), emporté(e), effréné(e)...
- Des noms : trouble, bruit, tumulte, emportement...

Effrayante
- Des adjectifs : effroyable, alarmant(e), épouvantable, inquiétant(e), douloureux(se)...
- Des noms : effroi, frayeur, alarme, épouvante, inquiétude, douleur...

Calme
- Des adjectifs : serein(e), tranquille, apaisant(e), rassurant(e), attrayant(e)...
- Des noms : sérénité, tranquillité, apaisement...

Les dialogues

Tu peux rapporter de trois façons ce que disent les personnages : de façon directe (tu rapportes les paroles) ; de façon indirecte (tu rapportes le sens des paroles) ; sous forme d'un dialogue de théâtre.

UN EXEMPLE

Le même dialogue rapporté de trois façons différentes	Ce qu'on y indique
Le départ du père	
Il y avait un riche commerçant qui voulait aller en Égypte pour acheter des marchandises. Et il avait trois filles qu'il appela avant de partir.	**Dialogue en style direct**
« Mes filles, que voulez-vous que je vous apporte en cadeau ? leur demanda-t-il.	guillemets au début
– Je voudrais des chaussures de bain en or, dit la fille aînée.	tirets au milieu
– Et moi un gobelet de bain en or, dit la seconde.	
– Et toi, que désires-tu, ma fille ? demanda le marchand à la plus jeune qui ne répondait rien.	
– Je te le dirai après avoir consulté ma maîtresse d'école, répondit la fille cadette. »	guillemets à la fin
« Les Sœurs jalouses, ou Telli-Top », Muriel BLOCH, in *365 Contes pour tous les âges*, Gallimard Jeunesse.	
Il y avait un riche commerçant qui voulait aller en Égypte pour acheter des marchandises. Et il avait trois filles qu'il appela avant de partir pour leur demander ce qu'elles voulaient qu'il leur apporte en cadeau.	**Dialogue en style indirect**
La fille aînée voulut avoir des chaussures de bain en or.	
La seconde demanda un gobelet de bain en or.	verbe
Il reposa sa question à la plus jeune, qui ne répondait rien. Celle-ci dit qu'avant de se décider elle avait besoin de consulter sa maîtresse d'école.	pronom
(Le commerçant appelle ses filles.)	**Dialogue de théâtre**
LE COMMERÇANT. – Mes filles, que voulez-vous que je vous apporte en cadeau ?	nom du personnage
LA FILLE AÎNÉE. – Je voudrais des chaussures de bain en or.	réplique*
LA SECONDE FILLE. – Et moi un gobelet de bain en or.	
LE COMMERÇANT (*s'adressant à la plus jeune*). – Et toi, que désires-tu, ma fille ?	indication de mise en scène (didascalie*)
LA PLUS JEUNE. – Je te le dirai après avoir consulté ma maîtresse d'école.	

DES CONSEILS POUR RÉDIGER

1. Le style* direct

En style direct, tu rapportes les paroles des personnages telles qu'elles ont été prononcées : *Le commerçant dit : « Mes filles, que voulez-vous que je vous apporte en cadeau ? »*

Pour rapporter le dialogue*…

- tu ouvres les guillemets au début du dialogue et tu les fermes à la fin du dialogue ;
- à l'intérieur du dialogue, tu marques chaque changement d'interlocuteur à l'aide d'un tiret ;
- tu utilises des expressions qui accompagnent les répliques et qui permettent d'indiquer le nom des interlocuteurs :
  – Et moi un gobelet de bain en or, ***dit la seconde****.*

2. Le style* indirect

En style indirect, tu ne rapportes pas les paroles exactes qui ont été prononcées, mais simplement le sens de celles-ci :
Le commerçant demanda à ses filles ce qu'elles voulaient qu'il leur apporte.

3. Le dialogue de théâtre

Dans le dialogue de théâtre…

- tu écris le nom de chaque personnage devant les paroles qu'il prononce :
  LE COMMERÇANT. – *Mes filles, que voulez-vous que je vous apporte en cadeau ?*
- tu indiques les jeux de scène, les déplacements par des remarques entre parenthèses (didascalies) : LE COMMERÇANT *(s'adressant à la plus jeune).*

DES MOTS EN LIBRE-SERVICE

Des mots pour écrire un dialogue…

Pour désigner le personnage qui parle (… *dit-il*), utiliser des verbes qui indiquent la manière dont les choses sont dites.

– Je ne veux plus vous voir, ***dit-il****.* → *– Je ne veux plus vous voir,* ***clama-t-il****.*

- DIRE : clamer, proclamer, déclamer, s'exclamer, acclamer, s'écrier, proférer…
- EXPLIQUER : énoncer, exposer, démontrer, commenter, développer…
- APPELER : héler, interpeller, apostropher, invoquer…
- RÉPONDRE : répliquer, rétorquer, riposter…
- CRIER : hurler, rugir, tonner, tonitruer, tempêter, vociférer, brailler, piailler…
- GROGNER : grommeler, gronder, marmonner, murmurer…
- MURMURER : chuchoter, susurrer…
- SOUPIRER : gémir, geindre…
- RACONTER : conter, narrer…

La bande dessinée

Dans une bande dessinée, l'image a un rôle essentiel. Elle montre l'action, le cadre, les personnages. Le texte est présent sous forme de bulles et de cartouches.

UN EXEMPLE

Une planche de bande dessinée

Nous pensions l'avoir semé; lorsqu'au loin on entendit à nouveau ses aboiements.
Qu'allons-nous faire? Je suis épuisée.
Entrons ici ! mon ami Igor y habite.
5
6
BLAM
7
J'espère qu'il est là!
8
DRiiiNG
9
DRiiNG
DRiiiNG
10
On entendait le chien, qui nous avait suivi à l'intérieur.
11
VROAR
DRiiNG
DRiiiNG
Quel cauchemar!
iiiNG
FIN
12

DES CONSEILS POUR RÉDIGER

1. Des idées

a) Tu réalises un enchaînement serré d'images
Tous les événements successifs doivent être dessinés.

b) Tu montres à l'aide d'images ce que tu montrerais, dans un texte écrit
- au moyen de descriptions :
  – le cadre de l'action (voir page 60) : vignettes* 1, 5 ;
  – la disposition des lieux (voir pages 30, 31, 32) : vignettes 7, 8 ;
  – l'ambiance (voir pages 60, 61) : vignettes 2, 4, 11.
- au moyen de portraits :
  – le physique des personnages (vignettes 3, 10) ;
  – les jeux de physionomie exprimant les sentiments (voir page 34) : vignettes 3, 10.
- au moyen de récits (voir page 58) : ensemble des vignettes.

c) Tu utilises le texte pour trois fonctions
- pour réaliser parfois un lien entre les images (vignette 2) ;
- pour faire un commentaire (vignette 4) ;
- mais le plus souvent, dans les bulles*, pour rapporter le dialogue entre les personnages (vignette 5).

d) Tu traduis les bruits par des onomatopées* (vignettes 10, 11)

2. Des procédés

a) Les dessins
Les procédés utilisés sont les mêmes qu'au cinéma. Pour faire les dessins, tu peux suivre ces quelques conseils élémentaires.

- Tu utilises plusieurs « plans* » :

– À l'aide du plan d'ensemble, tu montres tout le décor de l'action ; à l'intérieur, les personnages sont tout petits (vignettes 1, 5).
– Avec le gros plan, tu mets en valeur un aspect d'un personnage qui a de l'importance dans l'action : son visage, sa main… (vignettes 10, 11).
– Tu utilises le plan moyen pour centrer l'attention sur un épisode précis (une bagarre, par exemple) ; les personnages remplissent alors toute la vignette (vignettes 2, 4, 6, 9).

- Tu varies les endroits d'où l'on voit la scène :

– Lorsque tu fais un dessin en plongée*, ton œil est placé plus haut que les personnages. Cela a tendance à les rapetisser, à les écraser. Ils paraissent impuissants (vignettes 1, 2, 8).
– Lorsque tu fais un dessin en contre-plongée*, ton œil est placé plus bas que les personnages. Cela a tendance à les grandir, à mettre en valeur leur puissance.

- Tu varies les dimensions du cadre (la grandeur des vignettes est variable)

Tu peux réaliser ainsi :

– Un panoramique horizontal pour donner l'impression de grande largeur de champ (vignettes 1, 5).

– Un panoramique vertical pour donner l'impression de grande hauteur (vignette 12).

b) Le texte

- Les bulles

Tu places dans les bulles les paroles des personnages. Leurs pensées peuvent également y figurer. Le plus souvent, on relie alors la bulle au personnage par des petits ronds blancs (vignette 8).

- Les cartouches*

Dans les cartouches, tu écris ce qui n'est pas du dialogue et qui peut aider à la compréhension du récit. Tu donnes, par exemple, une indication de temps ou de lieu (vignette 1).

- Les onomatopées

Les bruits sont traduits par des mots qui reproduisent le son. Selon que le bruit est fort ou faible, l'onomatopée est écrite en gros ou en petit (vignettes 7, 9, 10, 11).

DES MOTS EN LIBRE-SERVICE

Des onomatopées

bang, bing, boum, brrr, bzzz, clac, clap, clic, dring, flic, flac, floc, paf, pan, patatras, pif, ploc, plouf, pouf, snif, tic, tac, toc, vlan, vroum, zip !…

Le texte de théâtre

Lorsque tu écris une pièce de théâtre, tu dois donner deux sortes d'informations : 1. les paroles que chaque personnage doit prononcer (le dialogue) ; 2. des indications pour guider les jeux de scène (les didascalies).

UN EXEMPLE

Une scène de pièce de théâtre	Ce qu'on y indique
SCÈNE 1 **Arthur, Médor, l'Agent de police**	le numéro de la scène* les personnages en scène
Dans un jardin public, Arthur se promène tout en lisant son journal ; Médor, à quatre pattes, le suit, puis vient se frotter à son pantalon.	les indications de mise en scène (didascalies*)
ARTHUR. – Allons, toutou, laisse-moi tranquille ! (*le chien aboie*) Tu me gênes… Tu vois, je lis. (*il s'assied ; le chien aboie*) Va retrouver ton maître. (*le chien met son menton sur les genoux d'Arthur*) Tu es tout seul ? (*il le caresse et tâte son cou*) Tiens, ce chien n'a pas de collier… (*l'agent de police passe ; Arthur lève le bras pour attirer son attention*) Monsieur ! S'il vous plaît, voilà un chien qui traîne dans ce jardin public depuis un moment. Son propriétaire doit le chercher partout.	le nom du personnage qui parle
L'AGENT. – Bah ! Il saura bien retourner chez lui tout seul ! ARTHUR. – Il n'a pas de collier, pas de plaque d'identité. C'est étrange. L'AGENT. – S'il est encore là dans une heure, je l'emmènerai à la fourrière. ARTHUR. – Ah… Et qu'est-ce qu'ils deviennent, les chiens, à la fourrière ? L'AGENT. – Parfois, la Société protectrice des animaux leur trouve un maître. Sinon, on les pique… ARTHUR. – On les pique ! Pauvres bêtes ! Quelle horreur ! L'AGENT. – Dame, les chiens errants, on en ramasse plusieurs par jour. Qu'est-ce que vous voulez qu'on en fasse ? (*il s'en va*) ARTHUR. – (*il caresse le chien*) Comment t'appelles-tu ? (*le chien aboie*) Médor, probablement. Tous les chiens s'appellent Médor. Je vais encore attendre un quart d'heure. Si personne ne vient te chercher, je t'emmènerai chez moi. Blanchette MARCORELLES, « Un Chien savant », in *Jouons la comédie*, tome III, © Succession Blanchette MARCORELLES.	les répliques* des personnages (ce qu'ils disent)

DES CONSEILS POUR RÉDIGER

1. Des idées

a) Tu découpes l'action en actes* et en scènes
Une pièce contient un ou plusieurs actes.
Un acte contient une ou plusieurs scènes.

b) Tu écris le nom des personnages
ARTHUR, MÉDOR, L'AGENT

c) Tu décris les principaux éléments du décor :
Le lieu où se situe l'action et la situation dans laquelle se trouvent les personnages au lever du rideau : *Dans un jardin public, Arthur se promène... ; Médor à quatre pattes...*

d) Tu rédiges l'ensemble des répliques qui constituent le dialogue*
ARTHUR. – Il n'a pas de collier, pas de plaque d'identité. C'est étrange.
L'AGENT. – S'il est encore là dans une heure, je l'emmènerai à la fourrière.

e) Tu donnes des indications de mise en scène (didascalies)
Elles sont destinées uniquement aux acteurs et au metteur en scène.
ARTHUR. – (il caresse le chien) Comment t'appelles-tu ? (le chien aboie) Médor...

2. Des procédés

a) Tu présentes
- le nom des personnages en majuscules d'imprimerie ;
- les didascalies entre parenthèses (si tu utilises un ordinateur, tu peux les mettre en italique).

b) Tu rédiges
- les didascalies sous forme de phrases simples, au présent :
  Il caresse le chien. – Le chien aboie.
- tu rédiges des dialogues pour rapporter les paroles des personnages (voir page 62).

DES MOTS EN LIBRE-SERVICE

Mots et expressions à utiliser dans les didascalies

Des noms : acte, scène, côté cour, côté jardin, rideau, décor, costume, éclairage... silence, applaudissement, brouhaha, en aparté, murmure...
Des adjectifs : étonné, stupéfait, surpris, ravi, énervé, ému, furieux...
Des verbes : partir, sortir, entrer, se lever, s'asseoir, avancer, reculer...
Des attitudes : debout, assis, devant la porte, devant la fenêtre, derrière son bureau...

TABLEAU 4
Raconter

Rubriques	Le récit écrit (conte, roman)	La bande dessinée	Le texte théâtral
Le sujet	C'est un événement réel ou imaginaire* susceptible de provoquer l'intérêt du lecteur (ou du spectateur).		
Les personnages	Ils peuvent être : • des êtres humains ; • des animaux ; • des êtres imaginaires ; • des choses.		
	Ils sont présentés au moyen de portraits intégrés au récit.	Ils sont présentés au moyen du dessin.	Ce sont les acteurs costumés. Dans le texte, leur nom figure au début de chaque scène* et avant chaque réplique*.
La progression	Le récit progresse en cinq moments : 1. La situation au début de l'action. 2. L'événement* perturbateur. 3. Les péripéties* de l'action. 4. Le dénouement*. 5. La situation à la fin de l'action.		
Le cadre	Le cadre dans lequel se déroule l'action est présenté au moyen de descriptions intégrées au récit.	Le cadre n'est pas décrit avec des mots, mais dessiné.	Le cadre n'est pas décrit avec des mots, mais représenté par le décor de la scène.
Les dialogues	Ils sont présentés : • soit en style direct ; • soit en style indirect.	Ce sont les paroles qui figurent dans les bulles* (ou phylactères*).	Ce sont les répliques des personnages.
Les déplacements	Ils sont indiqués dans le récit.	Ils sont indiqués : • soit par le dessin ; • soit par un bref texte en encadré (cartouche*).	Ils sont indiqués par l'auteur, à l'intention du metteur en scène et des acteurs, en marge des dialogues* (didascalies).

SÉDUIRE, CONVAINCRE

La poésie
La publicité
L'argumentation

La poésie

Que ton vers soit la bonne aventure
Éparse au vent crispé du matin
Qui va fleurant la menthe et le thym…

Paul Verlaine, *Art poétique*, Gallimard.

DES EXEMPLES

Des poèmes	Leurs caractéristiques
Le chat qui marche l'air de **rien** Voudrait se mettre sous la d**ent** L'oiseau qui vit de l'air du **temps** Oiseau voyou moineau vau**rien** Mais plus futé l'oiseau lanl**aire** N'a pas sa langue dans sa p**oche** Et siffle clair comme eau de r**oche** Un petit air entre deux **airs**. Claude Roy, *Nouvelles Enfantasques*, Gallimard.	**Un poème aux vers* réguliers** Des vers de même longueur vers 1 vers 2 vers 3 vers 4 Des rimes* rime 1 : **aire** rime 2 : **oche** rime 2 : **oche** rime 1 : **airs**
L'enfant précoce Une lampe naquit sous la mer Un oiseau chanta Alors dans un village reculé Une petite fille se mit à écrire Pour elle seule Le plus beau poème Elle n'avait pas appris l'orthographe Elle dessinait dans le sable Des locomotives Et des wagons pleins de soleil […] René-Guy Cadou, *Bruits du cœur*, Les Amis de Rochefort, Rougerie, 1941.	**Un poème aux vers libres** Des vers de différentes longueurs Pas de rimes Parfois des assonances* : -**aphe** -**able**
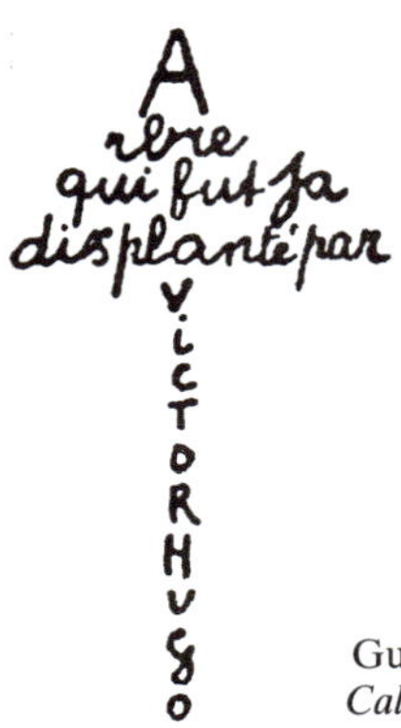 Guillaume Apollinaire, *Calligrammes*, Gallimard.	**Un calligramme* :** poème qui se lit et se regarde

DES CONSEILS POUR RÉDIGER

1. Des idées

La poésie est un travail d'imagination : quand tu écris un poème, tu inventes des comparaisons*, des métaphores*, parfois des mots qui transportent le lecteur dans un monde merveilleux.
Par exemple, dans ce poème, l'ordre ordinaire du monde est bouleversé :

D'ordinaire	Dans le poème
• c'est le bateau qui s'échoue sur le sable	le port s'échoue dans la brume
• c'est l'eau qui s'écoule et non le soleil	à travers les nuages s'écoule un soleil blanc
• le marin est dans son bateau	passe en bicyclette un marin tenant
• le crabe est dans la mer	d'une main un gros crabe dont les pinces s'agitent Paul Roux, *La Traverse* n° 1, D.R.

2. Des procédés

En poésie, tu groupes les mots de façon à produire des sonorités et des rythmes qui expriment quelque chose. Tout ton travail consiste à bien choisir tes mots et à bien les arranger. Pour cela, tu suis des règles diverses.
Tu peux écrire : des poèmes aux vers réguliers, des poèmes aux vers libres, des poèmes qui se lisent des yeux (calligrammes).

a) Le poème aux vers réguliers
Si tu veux écrire un poème aux vers réguliers, tu utilises :
- des **vers** (suites de mots) ayant un nombre de syllabes fixe ;
- des **rimes** (sonorités) régulières revenant à la fin de chaque vers ;
- des **strophes*** groupant un nombre régulier de vers.

b) Le poème aux vers libres
Si tu veux écrire un poème aux vers libres, tu utilises :
- des **vers libres**, qui n'ont pas toujours le même nombre de syllabes ;
- des **assonances**, qui sont des sortes de rimes approximatives qui contiennent la même sonorité mais ne sont pas totalement semblables ;
- des **strophes** qui n'ont pas toujours le même nombre de vers.

c) Les calligrammes
Lorsque tu fais un calligramme, tu disposes tes lignes de mots de telle sorte qu'elles représentent quelque chose, comme un dessin. Les calligrammes sont faits pour être regardés et lus silencieusement.

La publicité

La publicité est destinée à faire connaître au public un produit, une marque, une entreprise, etc. Elle se présente souvent sous la forme d'un dessin accompagné d'un message publicitaire (slogan). Elle est adaptée à une cible (la catégorie de personnes qu'elle veut toucher).

UN EXEMPLE

DES CONSEILS POUR RÉDIGER UN SLOGAN

1. Des idées

Un slogan* est une formule brève et originale conçue pour attirer l'attention du public sur le nom d'un produit, pour l'aider à retenir ce nom et l'inciter à l'acheter.

a) Pour rédiger un slogan, tu dois tenir compte de la cible*

Tu penses à ce qui caractérise les personnes susceptibles d'utiliser le produit ou de l'acheter : leur sexe, leur âge (homme, femme ou enfant), leur profession, leurs loisirs (sports, cinéma, concerts…).

b) Tu tiens compte aussi des points forts du produit pour lequel tu veux faire une publicité

2. Des procédés

Pour rédiger un slogan, tu dois trouver **une formule** qui frappe le lecteur et se retienne facilement.

a) Tu frappes le lecteur

Tu peux frapper le lecteur en trouvant une formule qui va le surprendre, l'amuser, le choquer : *Mettez un tigre dans votre moteur* (Esso) ;
ou le faire rêver : *Votre hiver sera Caraïbes* (Croisières Paquet).

b) Tu trouves une formule qui se retienne facilement

- Pour avoir plus d'impact, il est préférable que ton slogan soit bref.
  Tu peux te limiter à un ou deux mots, utiliser des phrases sans verbe :
  Décathlon, à fond la forme.
- Pour que ton message* publicitaire se retienne encore mieux, tu peux faire des jeux de mots :
  C'est tellement bon… qu'on fait des bonds (Kellog's) ; *Midas, le pro du pot.*
- Tu peux faire des phrases sans verbe : *Midas, le pro du pot.*

DES MOTS EN LIBRE-SERVICE

Quelques homonymes pour t'aider à trouver des jeux de mots…

l'amande/l'amende ; l'ancre/l'encre ; la ballade/la balade ; bon/le bond ; la cane/la canne ; la chaîne/le chêne ; le chant/le champ ; le cœur/le chœur ; le conte/le comte/le compte ; le cygne/le signe ; la date/la datte ; la faim/la fin : une fois/le foie/Foix/la foi ; goûter/goutter ; la mère/le maire/la mer ; le maître/le mètre/mettre ; le mâle/la malle/mal ; le mois/moi ; le pain/le pin ; la pâte/la patte ; le pâté/la pâtée ; la pose/la pause ; le port/le porc ; le pot/la peau/Pau ; la reine/le renne/Rennes ; le serin/ serein ; sot/le seau/ le saut/le sceau ; soit/la soie ; la tâche/la tache ; la tante/la tente ; le toit/toi ; le tome/la tomme ; le ver/la verre/le vers/vert ; le vice/la vis ; la voix/la voie.

L'argumentation

Pour convaincre que tu es dans le vrai, tu donnes les raisons qui justifient ce que tu dis : ces raisons s'appellent des arguments. Une suite d'arguments aboutissant à conclure que tu as raison est une argumentation.

DES EXEMPLES

Une discussion : chacun énonce des arguments opposés	L'opposition des arguments*
Le père vient d'acheter chez le brocanteur tout un fourniment pour meubler sa maison de campagne. Le brocanteur annonce le prix. « Ça fait cinquante francs ! – Ho ho ! dit mon père, c'est trop cher !	
– C'est cher, mais c'est beau, dit le brocanteur. La commode est d'époque ! » Il montrait du doigt cette ruine vermoulue.	Argument du brocanteur....
« Je le crois volontiers, dit mon père. Elle est certainement d'une époque, mais pas de la nôtre ! » Le brocanteur prit un air dégoûté et dit :	Argument du père............
« Alors, ça ne vous fait rien de penser que ce meuble a peut-être vu la reine Marie-Antoinette en chemise de nuit ?	Argument du brocanteur....
– D'après son état, dit mon père, ça ne m'étonnerait pas qu'il ait vu le roi Hérode en caleçons !	Argument du père............
– Là, je vous arrête, dit le brocanteur, et je vais vous apprendre une chose : le roi Hérode avait peut-être des caleçons, mais il n'avait pas de commode ! Rien que des coffres à clous d'or et des espèces de cocottes en bois. Je vous le dis parce que je suis honnête.	Argument du brocanteur....
– Je vous remercie, dit mon père. Et puisque vous êtes honnête, vous me faites le tout à trente-cinq francs.	Argument du père............
– Ce n'est pas possible, parce que je dois cinquante francs à mon propriétaire qui vient encaisser à midi.	Argument du brocanteur....
– Dans ce cas, dit mon père, je ferais mieux de revenir demain, quand vous l'aurez payé et que vous ne lui devrez plus rien... »	Argument du père............
Marcel PAGNOL, *La Gloire de mon père*, Éditions Bernard de Fallois.	

Une argumentation : tu accumules les arguments	L'enchaînement des arguments
Le père a acheté un vieux cor de chasse chez le brocanteur. Sa femme trouve cet achat parfaitement inutile. Il s'emploie alors à lui démontrer que cet objet peut être d'une grande utilité.	
« Je me demande, mon pauvre Joseph, ce que tu veux faire de cette saleté ! » Le pauvre Joseph, triomphant, répondait simplement : « Trois francs ! – Eh bien, voilà trois francs de gaspillés ! »	La mère conteste l'utilité de l'achat.
Alors mon père disait : « Tu ne te rends pas compte que cet instrument est une véritable mine ! Réfléchis une seconde :	Le père annonce qu'il va donner les raisons de son utilité.
• je scie le pavillon, et j'obtiens un cornet acoustique, un porte-voix de marine, un entonnoir, un pavillon de phonographe ;	Premier argument............
• le reste du tube, si je l'enroule en spirale, c'est le serpentin d'un alambic.	Deuxième argument.........
• Je puis aussi le redresser pour en faire une sarbacane, ou une conduite d'eau !	Troisième argument.........
• Si je le scie en tranches fines, tu as vingt douzaines d'anneaux de rideaux ;	Quatrième argument.........
• si je le perce de cent petits trous, nous avons un collier à douches… »	Cinquième argument........
Ainsi, devant ses fils émerveillés, et sa femme navrée, il transformait l'instrument inutile en mille objets tout aussi inutiles, mais plus nombreux. Marcel PAGNOL, *La Gloire de mon père*, Éditions Bernard de Fallois.	Malheureusement, la mère n'est pas convaincue par ces arguments.

DES CONSEILS POUR RÉDIGER

1. DES IDÉES

Pour convaincre une personne, tu rassembles toutes les idées qui vont te permettre de construire ton argumentation et de conclure que tu as raison. Tu peux réunir ces idées sur une feuille à part.

2. DES PROCÉDÉS

- Tu peux organiser tes idées en partant de l'argument qui te paraît le moins fort pour finir sur celui qui te paraît le plus fort. En accumulant ainsi tes arguments, tu construis ton argumentation.
- Dans un texte argumentaire, tu dois enchaîner les parties du raisonnement grâce à des mots (des indicateurs) que l'on appelle des organisateurs logiques.
  Les organisateurs* logiques sont souvent des conjonctions que tu trouveras dans la rubrique DES MOTS EN LIBRE-SERVICE.
  Pour chaque affirmation, tu enchaînes des séries d'arguments comme dans le texte page 78.

Texte	Enchaînement des arguments (les organisateurs logiques sont en majuscules)
Je suis un enfant trouvé. **Mais**, jusqu'à huit ans, j'ai cru que, comme tous les autres enfants, j'avais une mère, **car**, lorsque je pleurais, il y avait une femme qui me serrait dans ses bras, quand le vent de décembre soufflait, elle me réchauffait les pieds entre ses mains, quand j'étais surpris par une pluie d'orage, elle accourait au-devant de moi, enfin quand j'avais une querelle avec un de mes camarades, elle me faisait conter mes chagrins. **À cause** de tout cela et de bien d'autres choses, à cause de la façon dont elle me parlait, de la façon dont elle me regardait, de ses caresses, de la douceur qu'elle mettait dans ses gronderies, je croyais que c'était ma mère. D'après Hector MALOT, *Sans famille.*	Je suis un enfant trouvé. **MAIS j'ai cru que j'avais une mère,** (*Pourquoi ?*) **CAR** (*1re série d'arguments*) 1er argument : lorsque…, il y avait… 2e argument : quand…, elle… 3e argument : quand…, elle… 4e argument : enfin quand…, elle… (*2e série d'arguments*) **À CAUSE DE** ceci… (argument) ceci… (autre argument) ceci… (autre argument) cela… (autre argument) **je croyais que c'était ma mère.**

DES MOTS EN LIBRE-SERVICE

Les organisateurs logiques sont souvent des conjonctions exprimant…

La cause : comme, parce que, puisque, attendu que, vu que, d'autant que, dès lors que, du moment que, sous prétexte que, étant donné que, soi-disant que, surtout que…

Le but : afin que, pour que, de crainte que, de peur que…

La conséquence : de manière que, de façon que, de sorte que, si bien que, au point que, à tel point que, tellement que, tel que…

L'opposition : alors que, au lieu que, bien que, encore que, malgré que, même si, quand bien même, quoique, tandis que…

La condition : au cas où, à condition que, à moins que, en admettant que, du moment que, à supposer que, pour peu que, pourvu que, suivant que…

La comparaison : comme, ainsi que, à mesure que, autant que, autre que, d'autant moins que, d'autant plus que, davantage que, de même que, meilleur que, moindre que, pire que…

LIRE ET PRODUIRE DES IMPRIMÉS

Le journal
Le magazine
Le livre

Le journal

Si, dans ta classe, vous composez un journal, vous devez organiser les différents articles. Il faut les grouper dans des rubriques générales, les disposer dans la page et les mettre en valeur en fonction de leur importance. Vous devez faire un sommaire pour que le lecteur les trouve facilement.

UN EXEMPLE

Une page du *Journal des enfants*

des rubriques

BLAGUES

Stéphane écrit à sa petite amie :
- Le matin, je ne mange pas, je pense à toi.
- Le midi, je ne mange pas, je pense à toi.
- Le soir, je ne mange pas, je pense à toi.
- La nuit, je ne dort pas :... j'ai faim !

Camille Grimard

Charlotte va voir sa maman et demande :
- Est-ce que je peux avoir du chocolat ?
- On dit comment ? S'il.... S'il ? demande sa mère
- S'il en reste encore ! dit Charlotte.

Séverine Coudray

Un souffleur de verre est renvoyé par son directeur qui lui dit :
- Ici, on ne chante pas en travaillant !

Dora Loehrer

Martin est convoqué par son directeur :
- Dites moi Martin, hier vous m'avez demandé votre après-midi pour aller voir votre docteur. Or on vous a vu au stade en train d'assister à un match de foot ! Vous êtes un menteur Martin !
- Absolument pas, monsieur le directeur. Simplement, .mon docteur jouait au foot dans l'une des deux équipes !

Soizic Deshayes

ANNONCES

Salut, je m'appelle Clara. j'ai 13 ans. Je voudrais correspondre avec des jeunes du monde entier que ce soit fille ou garçon de 13 ans et parlant français, italien ou anglais. J'adore danser, écouter de la musique, lire et l'histoire. J'aime les Spice Girls, les 3 T et beaucoup d'autres groupes. A bientôt !

Clara Donadetto
820 Gamewell. Avenue
Maitland FL. 32751
USA

Je m'appelle Gwendoline et j'ai 11 ans. J'aimerais correspondre avec des filles ou des garçons âgés de 10 à 13 ans de n'importe quel pays mais parlant français. J'aime m'amuser, l'école (mais aussi les vacances), la mer, la montagne, les animaux. Je fais du tennis, du karaté, de la musique, du violon et du piano. J'habite à la campagne, j'ai un chien et un chaton, une soeur et un frère. A vos stylos !!!

Saux Gwendoline
7, rue de la Fontaine
65350 Pouyastrux

Jeannie Longo coiffée d'un béret basque. A presque 39 ans, (elle les aura le 31 octobre), elle vient de gagner la médaille d'or du contre-la-montre sur route. Cela s'est passé à San-Sébastien (dans le Pays-Basque espagnol). C'est son douzième titre mondial. « Aupa » (bravo en basque) ! (Photo AFP)

DESSIN DE LA SEMAINE

Lan-Tow Danielle

LIVRE

Le livre de toutes les comparaisons

« C'est grand comment ? Est-ce que ça va vite ? »... Pour comprendre le monde, quand on a entre 7 et 10 ans, on aime bien savoir à quoi ressemblent vraiment les choses.

On aime bien comparer à ce qu'on connaît déjà et on pose des tas de questions... auxquelles il n'est pas toujours facile de répondre !

Mais avec ce livre, plus de problème. Vous pourrez vous faire une idée précise du poids de l'éléphant par rapport à celui de l'homme, de la vitesse d'un train par rapport à celle d'un avion, etc...

Savez-vous, par exemple, que 5 300 000 personnes qui se donnent la main forment une chaîne humaine aussi longue que la Grande Muraille de Chine ? Impressionnant, non...
Un livre « incomparable » édité chez Gallimard Jeunesse.

Disneyland Paris :
Bravo !

Bravo au super gagnant, aux autres gagnants et à tous ceux et celles qui ont joué tout l'été au concours sur les 5 ans de Disneyland Paris. Vous avez été des milliers !
Nous espérons que ces pages vous ont amusés et vous ont aussi appris plein de choses sur l'histoire, la littérature, le cinéma, etc...
Bien sûr, certains enfants et parents ont râlé en nous disant que nous faisions une publicité cachée. Alors là, c'est faux !
Notre seul but était de vous permettre de jouer tout l'été, en vous faisant participer à un concours. Nous voulions aussi, vous montrer que, même dans un parc de jeux, on peut apprendre beaucoup de choses.
Dites-nous ce que vous aimeriez lire pendant vos vacances !
Comment et à quoi voulez-vous jouer avec votre journal pendant tout l'été prochain ??
Nous sommes impatients de connaître vos propositions, pour pouvoir faire, comme toujours, un JDE proche de vous.
A bientôt,

Béatrice d'Irubee

un article

Les réponses et les gagnants

Question n°1 (JDE du 4/7/97) : *La parade défile dans Main Street, USA*
Bourmaud Jérôme (44), Richard Jean-François (47), Chérault Maryse (53), Basset Marielle(62), Dile Carole (85)

Question n°2 JDE du 11/7/97 : *C'est à l'hôtel Newport Bay Club qu'il y a un phare*
Carrara Viviane (01), Thielfry Audrey (59), Salvetti Anne-Florence (62), Petit Eugénie (89), Alcazar Pierre (34)

Question n°3 (JDE du 18/7/97) : *La montagne de Frontierland s'appelle Big Thunder Mountain*
Cui James (92), Moine Cécile (92), Beaugrand Suzanne (76), Cessot Nicolas (21), Cognard Emilie (03)

Question n°4 (JDE du 25/7/97) : *La cabane de Robinson se trouve sur un banian (un arbre géant)*
Reichert Sonia (67), Brouze Olivier (74) Meynet Elodie (74), Bottineau Isabelle (89), Laberdère Sylvie (91)

Question n°5 (JDE du 1/8/97) : *C'est la Belle au bois dormant qui dort dans le château*
Malgand Guillaume (46), Gissy Aurélie (62), Ventre Anaïs (83), Ruelle Mélanie (91), Jeamblu Emilie (97).

Question n°6 (JDE du 8/8/97) : *C'est avec le Space Mountain qu'on va dans la Lune*
Ournal-Goulon Yannaël (14), Lemeur Cédric (25), Logez Guillaume (62), Schweitzer Matthieu (68), Tronquet Mathieu (77).

Question n°7 (JDE du 15/8/97) : *Il a été planté dans le parc 360.000 arbres*
Bourgeois Audrey (82), Champroux Géraldine (63), Catier Marion (45), Moruchon Matthieu (17), Dejoies Solen (44)

Question n°8 (JDE du 22/8/97) : *L'ami indien de Buffalo Bill s'appelle Sitting Bull ("Taureau assis)*
Varzer Elie (91), Macorel Agnès (84), Laval Jeannne (38), Barth Aline (68), Mallard Emilie (49)

Vous avez repéré votre nom ? **Alors vous avez gagné chacun 4 passeports (2 enfants et 2 adultes) pour aller visiter le parc une journée.**

Le super prix :
Il s'agissait de garder durant 8 semaines des vignettes photos et de les coller sur le collecteur paru dans le JDE du 29/8/97 et de répondre correctement à la question n°9 : *C'est Victor Hugo qui a écrit Notre-Dame de Paris.*

Le super gagnant est Racapé François (29). Il a gagné un séjour de 3 jours/2 nuits dans l'un des hôtels de Disneyland Paris. Il y fêtera son anniversaire avec sa famille et pourra inviter, pour une journée, 5 amis !

JDE Le Journal DES ENFANTS
Edité et imprimé par la **Société Alsacienne de Publications** - 25, avenue du Président Kennedy BP 1160 - 68053 Mulhouse Cedex.
Directeur de la publication : Rémy PFLIMLIN. Directeur de la rédaction : Béatrice D'Irube - Numéro commission paritaire : 73-464 ISSN : 0986-9050 - Loi n°49-956 du 16 juillet 1949 sur les publications destinées à la jeunesse.

un coupon d'abonnement

s'uper je m'abonne

POUR LA FRANCE
180 F pour 1 AN (52 n°) ☐
110 F POUR 6 MOIS (26 N°) ☐ 280 F POUR 2 ANS (104 N°) ☐

POUR LES DOM-TOM ET L'ÉTRANGER UNIQUEMENT POUR UN AN (52 N°)
DOM-TOM... 230 F ☐ EUROPE... 305 F ☐
RESTE DU MONDE...380 F ☐

POUR LES ÉCOLES, LES ABONNEMENTS GROUPÉS ET AUTRES RENSEIGNEMENTS, MERCI DE NOUS CONTACTER AU : 03 89 32 70 10

CES TARIFS SONT VALABLES JUSQU'AU 30/6/98

Le JDE m'intéresse, je rejoins les 110 000 abonnés. Pour cela, je complète ce bon et le retourne à l'adresse ci-dessous, sans oublier de joindre mon règlement si je paie par chèque. Je recevrai mon premier numéro sous 15 jours.

Abonnez-vous par CB 03 89 32 70 10

MODE DE PAIEMENT
☐ CHÈQUE BANCAIRE OU POSTAL À L'ORDRE DU JDE
☐ CARTE BLEUE N°
DATE DE VALIDITÉ 19 SIGNATURE INDISPENSABLE

ADRESSE D'EXPÉDITION
NOM
PRÉNOM
NUMÉRO
CODE POSTAL
COMMUNE
TÉLÉPHONE
DATE DE NAISSANCE (FACULTATIF)

CI-10-97

Bon à renvoyer au : JDE - BP1489 - 68072 Mulhouse cedex

Journal des enfants, n° 668/97, 17/10/1997.

DES CONSEILS POUR ORGANISER UN JOURNAL

1. Des idées

Si tu rédiges un journal, tu donnes des informations dans des articles. Si tu veux te rappeler ce qu'est un article, reporte-toi aux leçons sur le compte rendu d'un événement (p. 40) ou sur le compte rendu sportif (p. 42).

2. Des procédés

a) Pour permettre au lecteur de trouver facilement un article

Pour permettre au lecteur de trouver facilement un article, tu dois faire un **sommaire** et utiliser des **rubriques**.

- **Le sommaire (ou table des matières)**

Dans un sommaire, tu fais figurer le titre des articles et la page où tu peux les trouver. Tu places ce sommaire en première page.
S'il y a trop d'articles, tu ne fais figurer que les principaux. Le sommaire donné ci-dessous est intitulé, par exemple, *L'essentiel.*

L'ESSENTIEL ***Débats*** Contribution sociale : « La république bananière » par Joseph Desqueyroux – Irak « Chrétiens de Mésopotamie », par Marlène Taïeb .... 2 ***Le temps de travail*** .... 3 et 4	***La lutte contre la drogue au Pérou*** M. Fujimori ne veut pas utiliser l'armée .... 6 ***Un appel du Premier Ministre*** La majorité invitée à soutenir le gouvernement 9	***Offensive de l'opposition*** Une critique tous azimuts 10 ***Journal d'un globe-trotter*** « Comparaisons » par Jéromine Boxer .... 10 ***Le Nobel de la paix contre les mines*** Danger ! Mines ! 12

- **Les rubriques en haut de page**

Pour permettre aux « fidèles lecteurs » de se repérer facilement dans leur journal (car peu de personnes lisent le journal entièrement), tu fais apparaître des rubriques en haut de chaque page du journal.
Les grandes rubriques mentionnées en haut de page donnent le « plan* » du journal annoncé dans le sommaire.
Voici quelques exemples de rubriques et sous-rubriques stables d'un grand journal.

Les actualités – Enquête – Société – Étranger – Politique – Paris-Métropole – Le quotidien du football – Sports – Courses	**Le journal vous simplifie la vie** – Votre argent – Votre quotidien **Le journal vous distrait** – Détendez-vous – Spectacles **Carrières et emplois** **Le quotidien du téléspectateur** – Notre avis – Votre journée TV

b) Pour mettre les articles en valeur dans la page selon leur importance

Pour mettre les articles en valeur selon leur importance, tu peux utiliser :
– l'endroit où tu places l'article ;
– les titres ;
– la typographie ;
– les illustrations.

- **La place de l'article dans la page**

Tu constates que la page exemple, dont la largeur est de cinq colonnes, est divisée en trois zones :
– La zone des petits articles
Cette zone se situe à gauche, elle ne comprend qu'une seule colonne. Plusieurs articles peu importants sont réunis sous deux rubriques : « *Blagues* » et « *Annonces* ».
– La zone des articles les plus importants
Cette zone se situe au centre, elle s'étend sur deux colonnes. Elle ne comprend que deux articles : Jeannie Longo et le « *dessin de la semaine* ».
– La zone des articles de moyenne importance
Cette zone se situe à droite, sur deux colonnes également. Elle comprend trois articles plus courts : *un livre – Disneyland – les lauréats d'un concours.*

- **Les titres**

Plus un article est important, plus son titre s'étend sur un grand nombre de colonnes et plus les caractères qui le composent sont gros.
Dans l'exemple, tu vois que, lorsque l'article est composé sur deux colonnes, le titre s'étale sur ces deux colonnes :
Disneyland Paris : Bravo ! – Les réponses et les gagnants

- **La typographie**

Si tu composes ton journal sur un ordinateur avec un traitement de texte, tu as à ta disposition une « police » de caractères aux formes variées et aux tailles nombreuses qui peuvent se réaliser en gras ou en maigre, en romain ou en italique… Ces variations typographiques te permettront de faire ressortir :
– les rubriques importantes : lettres blanches sur fond de couleur (*blagues, annonces, Super ! je m'abonne, etc.*) ;
– les titres d'articles : caractères gras de diverses grosseurs (*Le livre de toutes les comparaisons, Disneyland Paris : Bravo !, etc.*) ;
– les signatures d'auteurs : petits caractères gras ;
– etc.

- **L'illustration**

Celle-ci peut revêtir des formes variées. Dans l'exemple, tu peux remarquer :

– deux **logos** qui attirent l'attention sur des rubriques permanentes : *Concours* et *Super ! je m'abonne.*

– une immense **photographie** de Jeannie Longo. Celle-ci met en valeur l'information la plus importante de cette page : Jeannie a remporté son douzième titre mondial !

DES MOTS EN LIBRE-SERVICE

Quelques définitions

Article : écrit formant un tout, dans un journal ou une revue.

Journal : publication périodique consacrée à l'actualité.

Quotidien : journal qui paraît tous les jours.

Sommaire : liste des articles d'un journal ou d'un numéro de revue.

Rubrique : titre sous lequel sont regroupés les articles traitant du même sujet.

Logo : petit dessin signalant toujours la même rubrique.

Typographie : ensemble des procédés de présentation d'un texte imprimé.

Colonne : chacune des divisions verticales du texte d'une page de journal.

Coupon : partie d'une feuille à découper (et à renvoyer, par exemple, pour s'abonner au journal).

Accolade : signe qui sert à réunir plusieurs lignes.

Filet : trait fin d'imprimerie.

Caractères : lettres d'imprimerie.

Gras : caractères épais.

Italiques : caractères inclinés.

Romains : caractères droits.

Police de caractères : assortiment des caractères de toutes formes et de toutes grosseurs mis à la disposition d'un imprimeur.

Le magazine

Le magazine est une publication périodique généralement illustrée. Il apporte une lecture à la fois instructive et distrayante sous des formes variées : dossiers, reportages, interviews, enquêtes, articles. L'illustration, les couleurs contribuent à rendre la lecture agréable.

UN EXEMPLE

édito

Nous voici en mai le "mois à trou" de l'année. Le mois du muguet et des grandes fêtes. Pour commencer nous fêtons le travail. C'est aussi en mai que nous fêtons la fin de la Seconde Guerre mondiale. Pourrons-nous un jour fêter la fin de toutes les guerres dans le monde ? Les Chrétiens célèbrent deux grandes fêtes dans la suite de Pâques : l'Ascension et la Pentecôte. Et tous, dans les derniers jours du mois, nous porterons des fleurs et des baisers à nos mamans. Que chaque fête vous réjouisse.

…aine de Paulin.

Sommaire

N° 605 - 26 avril 1997

Le Tabloïd

Vous voulez comprendre ce qui se passe dans le monde, tout savoir sur les sorties de disques, de films... Vous avez rendez-vous dans Le Tabloïd ! à détacher !

3

OKAPI, n° 605, 26/04/1997, Bayard Presse.

DES CONSEILS POUR CRÉER UN MAGAZINE

1. Des idées

- Un magazine informe sur des thèmes très variés ; par exemple, pour *Okapi* :
  - *Les grands débats*
  - *Cap sur ailleurs*
  - *Les bonnes idées*
  - *Ça, c'est du sport*
  - *Test*
  - *Métier*
  - *Bande dessinée*

- Les informations sont données sous des formes très variées :
  - le dossier ;
  - le reportage ;
  - l'interview ;
  - l'enquête ;
  - l'article.

2. Des procédés

a) Comment composer un dossier ?

- **Forme :** Pour faire un dossier, tu fais une sorte de livret, assez important (celui d'*Okapi* a 16 pages), qui forme un tout, encarté dans le magazine. Tu numérotes ces pages à part (dans le dossier d'*Okapi*, elles le sont en chiffres romains). La première page du dossier (reproduite ci-contre) forme une couverture. Tu peux donc retirer les dossiers des revues pour en faire une banque de données à laquelle tu te reporteras à l'occasion.

- **Contenu :** Dans un dossier, tu traites un sujet de façon complète et ordonnée.
  Par exemple, dans le dossier ci-dessus…

– les trois premiers articles répondent à la question *Pourquoi quittent-ils leur pays ?* :
Pour trouver du travail,
Pour rejoindre leur famille,
Pous sauver leur vie menacée ;

– les trois autres montrent quelques aspects de l'immigration :
D'où viennent-ils ? Où vont-ils ?,
On les appelle... les clandestins,
Kofi Yamgname, un ministre venu du Togo.

b) Comment réaliser un reportage ?

Bill devient la maman de bébés oies

Pour commencer, Bill rencontre un Canadien qui a appris à des oies à voler derrière son bateau à moteur. Il découvre alors comment un homme peut devenir la "mère" de bébés oies. Il suffit d'être là, dès la naissance des jeunes, et de prendre la place de la mère...

Bill tente l'expérience. Et ça marche ! Les oisillons s'attachent à lui, le suivent partout. De temps en temps, Bill leur répond en caquetant un peu plus fort qu'eux ! La seconde étape est plus difficile. Il s'agit, pour Bill, d'habituer les oies au bruit de son ULM. Pour un début, la moto fait l'affaire. Matin et soir, Bill passe une heure à remonter en moto la piste d'atterrissage de son ULM, sa petite troupe derrière lui.

Mais peu à peu, les bébés deviennent adultes. Au lieu de claudiquer, les oies se mettent alors à voler autour de la moto. Pour Bill, c'est bon signe. Il est enfin temps de leur apprendre à voler.

Les oies se mettent en V derrière lui

Mais pas si simple ! Les oies n'apprécient pas vraiment l'ULM. Elles préfèrent obstinément la moto. Et à chaque fois que Aaron, le fils de Bill, met la moto en marche, elles se précipitent derrière lui, et laissent Bill en plan avec sa drôle de machine...

Bill doit tout recommencer ! Il adopte de nouveaux bébés oies et les habitue très vite à son ULM. Il fait rouler tout doucement l'engin sur la piste, aller-retour, aller-retour... Derrière lui, ça suit tant bien que mal, ça claudique, ça caquette, ça bat maladroitement des ailes. Jusqu'au jour où, ça y est, Bill s'envole. Et les oies aussi, derrière lui. Vitesse : 35 km/h. Altitude : 200 m environ. Bill est heureux comme un homme qui réalise enfin son rêve !

Deux semaines de voyage dans le ciel

Avec le temps, l'aventure de Bill et de ses oies commence à être connue. Elle intéresse la Fondation internationale des grues, qui protège les quinze dernières grues vivantes aux États-Unis. Ces grues blanches passent l'hiver au Texas, et repartent au printemps pour le Canada. Un long et périlleux voyage. Bill pourrait faciliter cette migration.

Mais c'est une chose de voler quelques heures avec des oiseaux. C'est autre chose de parcourir ensemble de longues distances. ▶

Si tu fais un reportage, tu deviens un « reporter », c'est-à-dire un journaliste qui se rend sur place, réunit des informations, des documents, fait des interviews, prend des photos, etc., de façon à écrire un texte intéressant, bien documenté et abondamment illustré (voir ci-dessus).

Un reportage est généralement plus long qu'un simple article (le reportage sur *L'homme qui vole avec les oies* occupe six pages de la revue).

c) Comment faire une interview ?

Un métier pour demain

Vétérinaire d'animaux sauvages

François Hugues est vétérinaire depuis 20 ans. Mais ses patients pèsent parfois plusieurs tonnes et sont féroces. François Hugues travaille dans les parcs animaliers, les zoos et les cirques...

Okapi : Comment soigne-t-on des animaux sauvages ?

François Hugues : Les animaux sauvages ont les mêmes maladies que les animaux domestiques mais le diagnostic et les soins doivent se faire souvent à distance car on ne peut pas les approcher. On leur injecte des médicaments à l'aide de flèches projetées par des pistolets ou des fusils.

Parfois, il est nécessaire d'endormir l'animal pour faire un examen complet ou pour l'opérer.

Quelles sont les interventions les plus fréquentes ?

J'interviens lorsqu'il y a des accouchements difficiles ou des accidents (patte cassée, morsure...). Je soigne aussi les problèmes de dents.

Mais avant de faire une opération, il faut être très vigilant car chez certaines espèces comme les loups, si vous retirez l'animal du groupe, il perd sa place et les autres le tuent.

Le poids et la taille des gros mammifères posent aussi des problèmes. Un éléphant ne peut pas rester endormi trop longtemps car le cœur et les poumons risquent d'être écrasés par le poids de l'animal. À son réveil, on doit aider la girafe à se lever d'un bond pour lui éviter de se briser le cou...

Est-ce que vous intervenez seulement pour les grosses opérations ?

Non, mon rôle principal est de faire de la prévention. Je visite une fois par semaine chaque établissement. Je vaccine les bêtes, je surveille leur alimentation. Je contrôle également les effectifs. Dans un troupeau, il ne doit pas y avoir trop de mâles par rapport aux femelles. Si il y a un déséquilibre, les animaux vont se battre ou bien certains ne mangeront pas et seront malades plus facilement.

Les animaux sauvages sont-ils des patients difficiles ?

Non, à partir du moment où ils sont en confiance. Avec les dauphins, on mène des entraînements médicaux pour les habituer à accepter les soins dans l'eau. Lorsqu'on veut faire une prise de sang à un dauphin, il se met lui-même à la verticale et présente sa queue. C'est merveilleux et j'aimerais développer ces nouvelles méthodes à d'autres espèces.

Il faut six personnes pour porter cette lionne de 150 kilos (photo du bas). L'opération terminée, François Hugues vérifie la dentition et répare les griffes du fauve (à gauche).

Texte : Eric Léal
Photos : Luc Benevello

SI ÇA VOUS INTÉRESSE

Qualités : Être disponible et ne pas compter ses heures.

Études : Le diplôme d'État de docteur vétérinaire se prépare dans les quatre écoles nationales vétérinaires (Toulouse, Nantes, Marcy-l'Étoile et Maisons-Alfort). Il faut compter au moins 5 années d'études après le bac, dont une année en classe préparatoire. Mais attention, moins de dix vétérinaires sont chargés en France de la santé des animaux sauvages. Les places sont rares...

Une conseillère d'orientation répond à vos questions sur le 3615 Okapi (2.23 F par minute).

Pour faire une interview, tu te rends auprès d'une personnalité particulièrement intéressante ou compétente. Tu lui poses des questions et tu enregistres ses réponses sur un magnétophone.

Lorsque tu publies l'interview, tu mets dans ton texte les questions et les réponses et tu présentes ton article sous la forme d'un dialogue. Comme pour tous les articles de magazine, tu illustres ton interview de photos (voir ci-contre).

d) Comment conduire une enquête ?

Pour faire une enquête, tu dois interroger un grand nombre de personnes sur un même sujet.

Tu peux le faire oralement, à l'aide d'un magnétophone, par téléphone, en envoyant un questionnaire écrit. Tu notes les réponses et tu vois ainsi quel est l'avis de la majorité des personnes interrogées.

C'est ma planète

Un jardin à sa fenêtre

Vous habitez en ville et vous avez un balcon ou un rebord de fenêtre ? Avec quelques plantes bien choisies, vous aménagerez un petit coin de nature et attirerez une foule d'animaux.

Pour une fenêtre exposée au Nord

Redonner un peu d'espace aux plantes sauvages au milieu du béton, c'est toujours agréable. Et les jardins sont trop souvent réservés aux fleurs cultivées. Les insectes et les oiseaux en sont chassés. Créez donc une mini-réserve chez vous pour héberger ces animaux et des fleurs à foison.

Plantez... dans la bonne direction

▶ Votre balcon est orienté plein sud ? Parfumez le quartier avec le thym, le romarin, la lavande... Le fenouil accueillera, été comme hiver, une foule de petits insectes inoffensifs.

▶ Vous êtes plein nord ? Les plantes de l'ombre des bois, comme la primevère, la violette, la fougère mâle, la pulmonaire apprécieront. Dans la terre de ce bac, de nombreuses larves s'installeront.

▶ Les autres balcons seront le domaine des fleurs des champs : marguerite, campanule, sauge, mauve, lin, silène, centaurée. Un criquet ou une sauterelle arriveront peut-être à découvrir votre mini prairie.

▶ À placer n'importe où : un petit pot rempli de terre. Vous pourrez observer quelles plantes le coloniseront.

Les visiteurs des balcons

Toutes ces plantes attireront de nombreux insectes : il y en a de très beaux, comme les coccinelles, les papillons... Des utiles, comme les abeilles. Et tout ce petit monde est une véritable réserve de nourriture pour les oiseaux. Pour les attirer encore plus, plantez dans un gros pot un buisson d'aubépine ou un chèvrefeuille qui grimpera au mur. Les baies de ces arbustes nourriront les oiseaux pendant l'automne.

Il est un peu délicat de prélever ces plantes dans la nature. Mais on peut acheter la plupart d'entre elles en petits pots dans les jardineries. Bonne nouvelle : certains de ces magasins commencent aussi à vendre des sachets de graines de fleurs sauvages.

Texte : Jean Renard.
Illustrations : Jean-François Pénichoux

Pour un balcon exposé au sud

Concours

Un refuge à insectes

Dans le cadre de l'opération "AGIRE, aider la nature en ville", la fédération des clubs CPN lance une campagne de création de refuges à insectes en ville. Vous pourrez commander, pour 40 F, un kit (graines de fleurs sauvages, mode d'emploi, et dossier technique).

Pour recevoir gratuitement ce kit, répondez à cette question : *Quel est le nom de l'oiseau noir au bec jaune qui se trouve dans nos jardins été comme hiver ?* Envoyez votre réponse avant le 15 mai 1997 à : La Maison des CPN, [illegible] sur-Noix. Un tirage au sort récompensera 20 gagnants parmi les bonnes réponses.

CPN

e) Comment écrire un article ?

L'article est un texte de journal ou de revue plus ou moins long, dans lequel une personne, le plus souvent un journaliste, donne une information ou traite un sujet précis (voir ci-contre). Pour faire un article, tu suis les conseils donnés pour le compte rendu, pages 40 à 43.

DES MOTS EN LIBRE-SERVICE

Quelques définitions

Magazine : journal périodique, généralement illustré.
Revue : publication périodique.
Périodique : publication qui paraît régulièrement, chaque semaine, chaque mois, etc.
Hebdomadaire : qui paraît chaque semaine.
Mensuel : qui paraît chaque mois.
Bimensuel : qui paraît deux fois par mois.
Dossier : ensemble d'articles et de documents consacrés à un même sujet.
Interview : publication d'une conversation au cours de laquelle un journaliste a interrogé une personne.
Enquête : publication de l'avis de plusieurs personnes sur une même question.
Bande dessinée : suite de dessins qui racontent une même histoire.
Encarter : insérer une feuille ou un petit livret dans un magazine.
Livret : petit livre contenant peu de feuilles.
Banque de données : lieu où l'on trouve de nombreuses informations.
Journaliste : personne qui écrit des articles pour un journal.
Reporter : journaliste qui se déplace pour rassembler des informations puis écrit des reportages.
Reportage : article où un journaliste relate de manière vivante ce qu'il a vu et entendu sur les lieux d'un événement.

Le livre

Le texte proprement dit d'un livre est précédé et suivi d'informations qui permettent au lecteur de se faire rapidement une idée de son contenu : couverture, titre, auteur, collection, résumé au dos, table des matières…

UN EXEMPLE

BIBLIOTHÈQUE VERTE

LE PRESTIGE DE L'ÉTALON NOIR

Walter Farley
Illustration : Michel Faure

Être un fils du prestigieux Étalon Noir, capable des performances les plus brillantes, et avoir peur en course !
Tel est le drame de Feu de Joie. Ce trotteur magnifique, pétri de qualités, s'affole dès qu'un concurrent arrive à sa hauteur et menace de le dépasser. Alec Ramsay va tout mettre en œuvre pour lui rendre le goût de la compétition. Mais le temps presse : Feu de Joie est engagé dans une épreuve des plus importantes...

HACHETTE Jeunesse
9 782010 168598 20.8300.4 - 1996.6 Code prix H5

Quatrième de couverture

Table

Table des matières

DES CONSEILS POUR PRÉSENTER UN LIVRE

En dehors du texte lui-même, avant et après lui, tu donnes des informations qui constituent, en quelque sorte, « la carte d'identité du livre ».

1. Comment présenter la première de couverture ?

Sur la première de couverture…

a) Tu donnes les informations suivantes

- le nom de la collection :
  Bibliothèque Verte ;
- le titre du livre :
  Le Prestige de l'étalon noir ;
- le nom de l'auteur :
  Walter Farley ;
- le nom de la maison d'édition : dans cet exemple précis, le prestige de la collection (la « Bibliothèque Verte ») est si grand que ce n'est plus la peine de mettre le nom de la maison d'édition.

b) Tu places une illustration

2. Comment présenter la quatrième de couverture ?

Sur la quatrième de couverture, tu places un résumé du livre ou un petit paragraphe destiné à accrocher le lecteur et à lui donner envie d'acheter, de lire le livre.
Tu peux également y mettre d'autres informations…

- une photo de l'auteur ;
- le rappel des titres de la collection ;
- un extrait du livre, etc.

3. Comment présenter la table des matières ?

Dans la table des matières, tu indiques pour chaque chapitre…

- son numéro : *1.* – ;
- son titre : *Nocturne* ;
- la page où il commence : *7.*

Dans les livres français, la table des matières se trouve traditionnellement en fin d'ouvrage. Mais l'usage, dans les manuels scolaires, tend à la placer aujourd'hui plutôt au début, sous la dénomination *Sommaire*.

DES MOTS EN LIBRE-SERVICE

Quelques définitions

Couverture : ce qui couvre un livre.
Plat : chacun des deux côtés de la couverture d'un livre.
Dos : partie de la couverture qui unit les deux plats.
Tranche : bord des feuillets d'un livre, tranchés pour présenter une surface unie.
Feuille (ou feuillet) : morceau de papier rectangulaire comprenant deux pages.
Recto : première page d'une feuille.
Verso : seconde page d'une feuille.
Chapitre : partie numérotée d'un livre formant un tout.
Paragraphe : division d'un écrit où l'on va à la ligne.
Auteur : celui qui écrit le livre.
Éditeur : celui qui fait fabriquer le livre.
Imprimeur : celui qui imprime le livre.
Traducteur : celui qui traduit dans une langue un livre écrit dans une autre langue.
Illustrateur : celui qui fait les dessins illustrant le texte d'un livre.
Titre : nom donné à un livre par son auteur et qui se rapporte à son contenu.
Collection : ensemble de livres ayant entre eux une ressemblance.
Table des matières : liste des chapitres d'un livre.
Copyright : droit d'imprimer et de vendre un livre.
Dépôt légal : remise obligatoire à l'administration de tout nouveau livre publié.

GLOSSAIRE

abréviation — Mot raccourci par suppression d'une partie de ses lettres.

acte — Chaque division d'une pièce de théâtre (comme le chapitre l'est pour un roman).

ambiance — Atmosphère, climat d'un lieu. Peut être gaie, triste, dramatique…

annonce (petite) — Inscription dans un journal par laquelle un particulier, une entreprise offre ou demande quelque chose : emploi, location…

argument — Raison que l'on énonce pour montrer que ce que l'on dit est exact.

assonance — Sonorité que l'on retrouve à la fin de deux vers (sorte de rime approximative).

attitude — Manière de tenir son corps. Posture.

auditif(ive) — Qui concerne le sens de l'ouïe (organe : l'oreille).

bulle — Ligne fermée sortant de la bouche des personnages de bande dessinée, à l'intérieur de laquelle on inscrit leurs paroles.

calligramme — Poème dont la disposition des vers représente le dessin de quelque chose.

cartouche — Petit cadre dans lequel figure une inscription.

cible — En publicité, catégorie de personnes à laquelle s'adresse particulièrement un message publicitaire.

circulaire — Lettre tirée à plusieurs exemplaires pour communiquer une même information à plusieurs personnes.

comique — Amusant, qui fait rire.

comparaison — Procédé par lequel on rapproche deux objets pour en établir les ressemblances ou les différences. Dans la comparaison, le terme que l'on compare (par exemple, *un chapeau*) et le terme auquel on le compare (par exemple, *un véritable nid de cigogne*) sont reliés par un mot ou une expression que l'on appelle l'outil de comparaison (*comme*).

Elle avait sur la tête un chapeau énorme
chapeau : terme que l'on compare — énorme : élément commun
comme un véritable nid de cigogne.
comme : outil de comparaison — un véritable nid de cigogne : terme auquel on compare

contre-plongée — Au cinéma ou en photographie : prise de vue dirigée de bas en haut.

convention — Règle que chacun s'accorde à respecter.

corps (d'une lettre) — Partie principale d'une lettre dans laquelle on dit véritablement à son correspondant ce qu'on a à lui dire (par opposition aux références).

dénouement	Dernière péripétie d'un récit, qui met fin à l'action.
destinataire	Personne à qui est adressé(e) une lettre, un message.
dialogue	Conversation, échange de paroles entre deux ou plusieurs personnes.
didascalie	Dans un texte de théâtre, indication donnée au metteur en scène et aux acteurs.
dramatique	Se dit d'une situation grave, émouvante, douloureuse.
émotion	Trouble subit causé par un sentiment vif de peur, de surprise, de joie…
énigmatique	Qui tient de l'énigme, qui n'est pas clair, que l'on doit deviner.
événement perturbateur	Dans un récit, événement qui intervient pour rompre l'équilibre d'une situation initiale et provoquer le nœud d'une action.
expansion	Élément qui précise le sens d'un nom : adjectif épithète, ou complément du nom, ou proposition subordonnée relative.
expéditeur	Personne qui envoie une lettre, un message.
fonction	Activité professionnelle, exercice d'une responsabilité (gardien, maire, bibliothécaire, éditeur…).
formule de politesse	Expression conventionnelle que l'on écrit à la fin d'une lettre : *Veuillez agréer l'expression de mes salutations distinguées.*
gustatif(ive)	Qui concerne le sens du goût (organe : la langue).
humoristique	Qui montre, en s'en amusant, le ridicule de certaines situations ou de certains êtres.
imaginaire	Qui n'existe pas dans la réalité, mais appartient au domaine de l'imagination.
intensité	Force (d'un son, d'une lumière…).
message	Information transmise à quelqu'un par écrit ou par un autre moyen.
message publicitaire	Information sur un produit, une entreprise, etc., transmise par une annonce publicitaire.
métaphore	Sorte de comparaison (voir *comparaison*). Mais, dans la métaphore, on fait disparaître le terme que l'on compare, l'élément commun et l'outil de comparaison. Il ne reste donc plus que le terme auquel on compare : *Elle avait sur la tête ~~un chapeau énorme comme~~ un véritable nid de cigogne.* terme auquel on compare

narration	Exposé détaillé d'une suite de faits.
nœud	Dans un récit, moment où l'action débute véritablement sous l'effet de l'événement perturbateur.
nomenclature	Ensemble des termes désignant les parties d'un tout complexe : mécanisme, corps, carte de géographie, etc.
objet de la lettre	Quelques mots placés au début d'une lettre administrative pour en indiquer le contenu.
odorat	Sens permettant de percevoir les odeurs.
olfactif(ive)	Qui se rapporte à l'odorat.
onomatopée	Mot dont la prononciation rappelle le son produit par l'être ou la chose qu'il désigne : *coucou, glouglou…*
organisateur logique	Dans un texte argumentaire, conjonction ou locution conjonctive servant à enchaîner les parties d'un raisonnement : *car, or, donc, puisque, d'autant que, de peur que, de sorte que…*
ouïe	Sens permettant de percevoir les sons.
panorama	Vaste paysage qu'on découvre d'une hauteur.
paragraphe	Subdivision d'un texte en prose, marquée par un retour à la ligne au début et à la fin.
péripétie	Dans un récit, étape de l'action qui conduit vers le dénouement.
personnification	Représentation d'une chose ou d'une idée abstraite (allégorie) sous l'apparence d'une personne. Par exemple, les animaux des *Fables* de La Fontaine, qui parlent et agissent comme des hommes, sont personnifiés.
phylactère	Mot savant pour désigner une bulle de bande dessinée.
physionomie	Traits du visage exprimant le tempérament, le caractère d'une personne.
plan	1. Projet que l'on compte suivre pour écrire un texte : *un plan en trois parties.* 2. Éloignement relatif des objets dans la perception visuelle : *au premier plan, au second plan…* 3. Façon de cadrer une scène filmée (ou dessinée, dans une B.D.) : *un plan d'ensemble montre tout le décor, un gros plan ne montre qu'un détail…*
plongée	Au cinéma ou en photographie : prise de vue dirigée de haut en bas.
points cardinaux	Le nord, le sud, l'est (ou levant) et l'ouest (ou couchant).
Post-it	Petit papier autocollant utilisé pour écrire des petits mots, marquer des pages, etc.

post-scriptum	Lignes ajoutées à une lettre après la signature.
qualité	Ce qui caractérise quelque chose (un son, par exemple : *un son mélodieux ou discordant…*).
références	Informations que l'on donne dans une lettre pour indiquer qui l'a écrite, en quel lieu, à quel moment, à qui elle est destinée, etc.
réplique	Dans un dialogue théâtral, ce que dit un personnage.
rime	Retour du même son à la fin de deux ou plusieurs vers.
scène	Dans une pièce de théâtre, chaque division d'un acte.
signalement	Relevé des traits physiques qui permettent de reconnaître quelqu'un.
signature	Nom qu'on écrit au bas d'une lettre ou d'un document pour attester qu'on en est l'auteur.
silhouette	Contours, lignes générales du corps.
slogan	Phrase publicitaire brève et originale, conçue en vue de bien inscrire dans l'esprit du public le nom d'un produit, d'une entreprise, etc.
strophe	Dans un poème, groupe de vers formant une unité et séparé des autres groupes par un blanc.
style direct	Dans un dialogue écrit en style direct, on rapporte les paroles des personnages, telles qu'elles ont été prononcées, entre guillemets.
style indirect	Dans un dialogue écrit en style indirect, on ne rapporte pas les paroles telles qu'elles ont été prononcées, mais seulement le sens de celles-ci.
style télégraphique	En style télégraphique (dans les petites annonces, par exemple), on n'écrit que les mots indispensables (noms, verbes, adjectifs…), en omettant les autres (articles, prépositions, certains pronoms…).
tactile	Qui se rapporte au toucher.
vers	Assemblage rythmé (et rimé) de mots. Un poème est constitué de vers.
vignette	Image de bande dessinée.
visuel	Qui se rapporte à la vue.
vocabulaire technique	Ensemble des mots utilisés dans une profession ou propres à une spécialité. (L'ensemble des mots propres à un sport constitue un vocabulaire technique.)

Crédits photographiques et documents

p. 42 : ph. Laurent Zabulon / Agence Vandystadt.

p. 74 : publicité, *La santé ça se construit chaque jour*, Carrefour, Saatchi & Saatchi advertising.

p. 80 : *Le Journal des enfants*, n° 668 du 17 octobre 1997, p. 4.

pp. 84 à 87 : OKAPI, n° 605 du 26/04/1997, Bayard Presse.

pp. 88-89 : Reproduction du plat 1 et du plat 4, *Le prestige de l'étalon noir*, « Bibliothèque verte », Walter Farley, illustration : Michel Faure, Hachette jeunesse.

p. 89 : Table des matières, *Le prestige de l'étalon noir*, « Bibliothèque verte », Walter Farley, Hachette jeunesse.

Imprimé en Italie par VINCENZO BONA (Torino)
Dépôt légal n° 4298 - 03/1999
Édition n° 02 - Collection n° 20
11/6077/9